Orar 15 dias com
IRMÃO ROGER DE TAIZÉ

SABINE LAPLANE

Orar 15 dias com
IRMÃO ROGER DE TAIZÉ

EDITORA
SANTUÁRIO

DIRETOR EDITORIAL:
Marcelo C. Araújo

COPIDESQUE:
Eliana Maria Barreto Ferreira

EDITORES:
Avelino Grassi
Edvaldo Manoel de Araújo
Márcio F. dos Anjos

REVISÃO:
Bruna Marzullo

DIAGRAMAÇÃO E CAPA:
Juliano de Sousa Cervelin

COORDENAÇÃO EDITORIAL:
Ana Lúcia de Castro Leite

TRADUÇÃO:
Pe. José Augusto da Silva

Título original: Prier 15 jours avec Frère Roger de Taizé
© Nouvelle Cité, 2008

Dados Internacionais de Catalogação na Publicação (CIP)
(Câmara Brasileira do Livro, SP, Brasil)

Laplane, Sabine
  Orar 15 dias com Irmão Roger de Taizé / Sabine Laplane; [tradução João Augusto da Silva]. – Aparecida, SP: Editora Santuário, 2010. – (Coleção orar 15 dias; 22)

  Título original: Prier 15 jour avec Frère Roger de Taizé
  Bibliografia.
  ISBN 978-85-369-0198-5

  1. Meditações 2. Orações 3. Roger, de Taizé, Irmão 4. Vida espiritual I. Título. II. Série.

10-06471   CDD-242

Índices para catálogo sistemático:
1. Meditação e oração: Cristianismo 242

Todos os direitos em língua portuguesa
reservados à **EDITORA SANTUÁRIO** – 2010

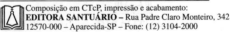

Composição em CTcP, impressão e acabamento:
EDITORA SANTUÁRIO – Rua Padre Claro Monteiro, 342
12570-000 – Aparecida-SP – Fone: (12) 3104-2000

*E tu serás dos que abrem os caminhos
da confiança em Deus?*

Irmão Roger

ABREVIATURAS

Ch	*Choisir d'aimer (Escolher amar), Frère Roger de Taizé 1915-2005.*
KS	*La vie de frère Roger, fondateur de Taizé (A vida de irmão Roger, fundador de Taizé).* K. Spink.
LI	*Lettre inachevée (Carta inacabada)*, 2005.
PB	*Presents-tu un bonheur? (Pressentes uma felicidade?)*, 2005.
PSC	*Prier dans le silence du coeur (Orar no silêncio do coração)*, 2005.
L 2004	*Aux sources de la joie (Nas fontes da alegria)*, Lettre 2004.
Px	*Em tout la paix du coeur (Em tudo a paz do coração)*, 3ª edição, 2002.
ST	*Les sources de Taizé (As fontes de Taizé)*, 2001.
DNP	*Dieu ne peut qu'aimer (Deus só pode amar)*, 2001.
L 2000	*Étonnement d'une joie (Admiração de uma alegria)*, Lettre 2000.

PFS	*La prière, fraîcheur d'une source (A oração, frescura de uma fonte)*, 1992.
SAF	*Son amour est un feu (Seu amor é um fogo)*, 1988.
PA	*Passion d'une attente (Paixão de uma espera)*, 1985.
FD	*Fleurissent les déserts du coeur (Florescem os desertos do coração)*, 1982.
EA	*Étonnement d'un amour (Admiração de um amor)*, 1979.
VI	*Vivre l'inespéré (Viver o inesperado)*, 1976.
LC	*Lutte et contemplation (Luta e contemplação)*, 1973.
FSF	*Ta fête soit sans fin (Tua festa seja sem fim)*, 1971.
VP	*Violence des Pacifiques (Violência dos Pacíficos)*, 1968.
UP	*Unanimité dans le pluralisme (Unanimidade no pluralismo)*, 1966.
DP	*Dynamique du provisoire (Dinâmica do provisório)*, 1965.
VAD	*Vivre l'aujourd'hui de Dieu (Viver o hoje de Deus)*, 1958.
NE	*Notes explicatives (Notas explicativas)*, 1941.

Exceto indicação contrária, todos os títulos de capítulo e os subtítulos são expressões de Irmão Roger.

IRMÃO ROGER DE TAIZÉ
(1915-2005)

As últimas imagens que podemos ter de irmão Roger de Taizé são as de um homem idoso, tão frágil que necessita sempre de ser acompanhado. Totalmente cambaleante, avança com dificuldade na igreja para chegar ao seu lugar atrás dos irmãos de quem assume o cuidado aos noventa anos. A presença de crianças ao seu redor o tranquiliza. Percebe que é vulnerável e que sua voz é apenas um sopro mas ele aí está, na fidelidade à oração da tarde, quando a morte o surpreende e vem pôr o selo do martírio em sua vida, no dia 16 de agosto de 2005, no início das Jornadas Mundiais da Juventude em Colônia.

Um olhar de criança

Contudo, é preciso tomar a aventura em seus começos. Roger Schutz Marsauche nasce no dia 12 de maio de 1915 na aldeia da Provença, na Suíça francófona. Ele é o último de uma família de nove irmãos e conhece uma infância cercada de cuidados. Recebe uma educação rigorosa marcada por uma forte figura paterna, autoritária, e pela benevolência de uma mãe que, com o sentido da música, lhe transmite o gosto pela vida.

De uma extrema sensibilidade, ele sente na adolescência grandes provações interiores. Atingido pela doença, uma tuberculose pulmonar que o obriga a longos tempos de solidão, é confrontado com a possibilidade de sua própria morte. É atraído pela ideia de se tornar escritor, o que não é do gosto de seu pai, que considera que não é uma profissão de futuro e o obriga a fazer teologia em Laussane, depois em Estrasburgo. Então ele será pastor como seu pai. Não, porém, como seu pai... O jovem Roger se sente chamado a outra coisa.

Para seguir o Cristo no dom de toda a sua vida, ele confia no que seu olhar de criança lhe fez captar de uma avó muito amada e admirada: começar por viver a reconciliação em si mesmo. Dessa mulher que conhecera os horrores da primeira guerra mundial, ele herdou a certeza de que a paz na Europa passa necessariamente por uma reconciliação dos cristãos entre si. No quarto do irmão Roger, em Taizé, uma fotografia dela nos encara com uma determinação impressionante. Sem saber, ela lhe abriu um caminho. Além da espontaneidade de sua ligação com o Cristo, ela tinha vivido uma forma completamente nova de ecumenismo, a de uma reconciliação que não obriga ninguém a negar a família espiritual que lhe transmitiu a fé no único Cristo e que permite avançar no caminho de uma acolhida recíproca.

"Ama e dize-o por tua vida" (Agostinho)

Primeiramente sozinho em Taizé, mas portador da visão, inaudita no contexto protestante da época, de uma comunidade monástica trabalhando para a unidade da Igreja, ele se deixa tocar pelas aflições do momento: durante a guerra, esconde judeus em trânsito. Na libertação, sob seu impulso, a comunidade nascente se preocupa com os prisioneiros alemães dos dois campos muito próximos; há preocupação com os adolescentes órfãos a ser acolhidos e educados? Irmão Roger pede à sua irmã Genoveva que lhes sirva de mãe, ainda nas proximidades de Taizé. Mais tarde serão acolhidas famílias atingidas por diversas guerras através do mundo, como as do Vietnã, da Bósnia, de Ruanda... Em nome do Evangelho.

Ele tinha tomado como sua a fórmula de Agostinho, que gostava de traduzir assim: "Ama e dize-o por tua vida". Efetivamente, todo sofrimento o requer imediatamente, totalmente. *"É preciso fazer alguma coisa..."*, ele diz e repete. Sua mobilização, então, é admirável. Daí o elo tão forte com madre Teresa, que tinha a mesma inquietação do amor. Bem antes de o Vaticano II o formular, ele sabia que "o Cristo de qualquer maneira se uniu a todo homem". Seu projeto? Viver uma *"parábola de comunhão"*. Companheiros se unem a ele, e abre-se a história da Comunidade de Taizé. Sua irradiação passa as fronteiras. Irmãos vivem em pequenas fraternidades onde encontram lugares de grande pobreza. Hoje, eles são mais de cem, vindos de todos os continentes e de diversas confissões cristãs que se comprometem com um sim de toda a vida.

"Taizé, esta pequena primavera"
(João XXIII)

Desde os começos da fundação, jovens são atraídos a Taizé. Mesmo não acabando com os totalitarismos e com as ideologias, a Europa Ocidental se reconstrói e se recompõe com um dinamismo admirável. Novos rostos da Igreja se buscam com uma abertura para a modernidade. O sentido da urgência do testemunho cristão se faz sentir num mundo com a memória ferida, tentado pelo agnosticismo, pela indiferença ou pelo materialismo. E eis que João XXIII dá início ao Concílio Vaticano II. E convida irmão Roger e frei Max como observadores. A Comunidade de Taizé se torna, então, mais conhecida. Uma empresa franco-alemã constrói uma igreja mais espaçosa que a igreja romana paroquial. Os jovens afluem com a exigência de suas questões.

Os irmãos primeiramente tentaram preservar o equilíbrio de sua vida monástica acolhendo os jovens a alguns quilômetros de sua residência. Contudo, a injunção da hospitalidade evangélica obrigava-os a fazer mais. Deus batia à porta. Era preciso, então, avançar com a audácia do Espírito. Encontrar-se-iam os meios de acolher no próprio lugar e partilhar esse espaço de liberdade interior que é a oração comum com seus longos silêncios, talvez mais ainda. Nesse espírito, em 1971, a Comunidade dos irmãos vai até derrubar os muros da recente igreja da Reconciliação e instalar no adro uma tenda contígua para alargar o espaço... Esse gesto altamente simbólico acarreta muitos outros.

É preciso também simplificar a liturgia, e é a ocasião de redescobrir a tradição de uma oração muito simples e repetitiva, como a prece de Jesus, cara aos espirituais do Oriente cristão. Um novo tipo de cânticos, cânones ou invocações simples aparece numa colaboração entre irmãos e compositores, como J. Berthier. Os próprios irmãos se põem a compor. O repertório reata com o latim e se abre progressivamente a muitas línguas de todos os continentes. Esses cânticos agora são conhecidos no mundo inteiro. Eles poderão sustentar a oração destes quinze dias como sustentaram a do irmão Roger. Podem ser encontrados e aprendidos pela internet no site de Taizé.

Uma catolicidade do coração

Contudo, na hora da mundialização, como responder às interrogações dos peregrinos vindos a essa colina da Borgonha e reenviá-los a um compromisso em suas igrejas locais sem atingir a realidade eclesial de grandes cidades ou as dos outros continentes? Ao se alimentar de Evangelho, o coração se alarga, se põe em uníssono com o mundo. Desde que se trata de *"viver o hoje de Deus"*, eis a criatividade do irmão Roger e de seus irmãos em ação, sua confiança engajada. Grandes encontros excepcionais são organizados em todos os continentes e, de modo regular, em grandes cidades da Europa.

Com a bondade do coração, a simplicidade não exclui a busca da beleza nem de certa harmonia que dizem algo da ternura de nosso Deus. Apostar na generosidade do Dom de Deus em cada um. Escutar mais que dar conselhos. Viver de admiração e deixar vibrar seu coração. Irmão Roger convidava a *"procurar tudo compreender do outro"*. O que vale para as relações interpessoais vale igualmente para as Igrejas. A acolhida de João XXIII transtornou irmão Roger, e isto foi decisivo para sua compreensão do ministério de comunhão do bispo de Roma, sua maneira concreta de amar a Igreja, de aceitar sofrer por e para ela.

No dia das exéquias de irmão Roger pôde-se ler numa faixa: "Santo logo!". Sua figura se achava assim diretamente associada à de João Paulo II, de quem tinha sido amigo. "Santo logo!" Isso o teria certamente embaraçado, ele que recebeu o Evangelho numa família da Reforma. Isso o teria talvez inquietado muito, pois ele temia ferir a consciência de qualquer pessoa e não desejava *"nada negar da fé de suas origens, embora a reconciliando com o mistério da fé católica!"*. Essa faixa atestava o lugar de irmão Roger na Igreja deste tempo e no coração de muitos homens e mulheres, de outra maneira, mas também realmente como aquele que ele gostava de chamar *"o bem-amado Papa João Paulo II"*. Como a marca de um imenso reconhecimento em relação a essa figura de autoridade paterna e benevolente, de abertura e de fidelidade, de autenticidade e de coragem.

Um caminho de vida está aberto, um convite ao combate da confiança que será o fio condutor destes quinze dias de oração com irmão Roger.

Primeiro dia

O HUMILDE SINAL
DE UMA COMUNIDADE

Quando uma oração comum faz pressentir a alegria do céu na Terra, de todo lado se acorre para descobrir de que inconscientemente alguém estava privado. Nada leva tanto à comunhão com o Deus vivo quanto uma oração comum, meditativa, acessível a todas as idades, com este cume da oração: o cântico que não acaba e que continua em seguida no silêncio do coração quando alguém se encontra só. Os ventos podem soprar, dessecar em sua passagem, alagar os desertos... as sedes não saciadas encontram sua satisfação (SAF, p. 21).

Só o nome de Taizé já evoca agrupamentos e oração comunitária, tanto em paróquias como em feiras de exposição, por ocasião de grandes encontros em cidades da Europa ou em outros continentes. Sabe-se que Taizé é o nome de uma comunidade monástica na Borgonha?

Orar. Acontece que essa palavra intimida. Conheçamos o Cristo ou não, eis-nos muitas vezes como os discípulos a suplicar: "Senhor, ensina-nos a orar!" (Lc 11,1). Somos tomados como que por um grande desejo e podemos sentir-nos presos pelo sentimento de não saber fazer. Sem esperar a resposta do Senhor ou sem saber decifrá-la, procuramos colher aqui, ali, até o momento em que descobrimos um lugar onde encontramos testemunhas, "condutores" que nos ajudam a fixar os olhos no Cristo e que nos dão as palavras da vida interior. Para muitos, irmão Roger foi e continua sendo ainda um destes. Contudo, não totalmente sozinho, não como solitário. Como, então? Pelo compromisso da oração comum.

Para nos deixar abrir um caminho por ele, comecemos por juntar-nos a ele em Taizé, neste lugar em que se cristalizou a intuição que ele carregava desde sua juventude e onde tomou forma, a partir de 1940, um projeto inaudito: ele, saído de uma família de velho tronco protestante, deseja reunir homens que Deus chama a viver juntos para ser *"um fermento de reconciliação nesta comunhão que é a Igreja"* (FD, p. 184).

Em sua juventude, em família, ele tinha ouvido a leitura de extratos da história de Port-Royal, por Sainte-Beuve. Longe de reter o rigorismo escrupuloso do jansenismo que o inspirava, ele tinha sido tocado pela aventura espiritual que se vivia na abadia de Port-Royal des Champs, não longe de Paris, no século XVII. A conversão pessoal de uma mulher muito nova, Angélica Arnauld, tinha podido não só transformar o clima de seu mosteiro, mas ainda mais irradiar para o mundo. Pascal, Racine e muitos outros homens influentes de seu tempo tinham se tornado familiares da abadia. Os que se chamavam os Solitários, sem pronunciar votos, vinham renovar-se neste centro de vida evangélica.

> Por minha parte, *escreve ele*, eu estava encantado por descobrir o que algumas mulheres vivendo em comunidade tinham podido realizar. Havia uma grande árvore frondosa perto de nossa casa. Um dia, eu tinha talvez dezesseis anos, parei perto desta árvore e me disse: "Se algumas destas mulheres, respondendo a uma vocação comum na claridade e dando suas vidas à causa do Cristo, tiveram tal irradiação do Evangelho, alguns homens, reunidos numa comunidade, não o poderiam eles também?" (DNP, p. 39).

Este apelo, sem conhecer ainda seus contornos exatos, ele o carrega mais que nunca quando se põe a caminho aos 25 anos. Os estudos de teologia foram para ele a ocasião de verificar sua intuição e provar os fundamentos evangélicos da vida monástica: sua tese tratava sobre *"O ideal monacal até São Bento e sua conformidade com o Evangelho"*...

Uma geografia mística

Experimentando, então, o sentido de uma urgência, em plena guerra, ele deixa a Suíça pela França; vai a um país humilhado pela derrota, pobre e desorganizado. As armas que escolhe serão resolutamente as do Evangelho. Sem se desinteressar pelos combates do mundo, ele conta acima de tudo com a irradiação da oração. Durante o caminho, descobre Taizé, uma pequena aldeia da Borgonha. Um lugar finalmente escolhido, porque irmão Roger sabe que aí é esperado por Deus.

É uma aldeia afastada, abandonada, propícia para um lugar de retiro. A vida aí é dura, a casa encontrada está em estado lastimável. Contudo, o lugar é evocador de uma geografia mística. Situado a dois passos de Cluny, aí se vive a proximidade de uma antiga abadia beneditina que se irradiou por toda a Europa, a proximidade também de Citeaux, casa de onde saíra a abadia de Port-Royal... Um lugar onde decisivamente o reteve o convite insistente de uma velha mulher que tinha partilhado com ele sua refeição. Tendo partido como Abraão, sem saber aonde iria para enraizar seu projeto, ele reconheceu nessa acolhida um sinal que o Cristo lhe dava.

Se começou sozinho em Taizé, irmão Roger empregava contudo um "nós" comunitário num opúsculo impresso em 1941, *Notas explicativas*, assinado "Comunidade de Cluny". Admirável antecipação. Desde 1944, ele publicava textos sob o título *Introdução à vida comunitária*. É que, durante seus estudos, escutou muito seus colegas de universidade e percebeu claramente sua aspiração comum para sair de uma espiritualidade muito individualista. É impressionado pelo sentimento de isolamento de jovens cristãos fervorosos. Se a solidão é uma condição essencial da vida interior, o isolamento não.

Tendo partido só, sabe que seu desejo de dar corpo a *"uma parábola da comunidade"* (ST, p.

71) é partilhado por outros. Os sobressaltos da história finalmente permitiram que a vida e a oração comunitárias começassem em Genebra. Irmão Roger tinha acolhido homens de passagem, entre eles judeus, uma vez que Taizé não estava longe da linha de demarcação. Denunciado à Gestapo, ele teve que se retirar para Genebra; mas não foi tempo perdido! O projeto comunitário aí encontra um começo de realização, e ele entusiasma os primeiros irmãos.

Hoje, Taizé se tornou um lugar-símbolo que soa como um nome de família: nós evocamos "irmão Roger de Taizé". E isso basta no mundo inteiro! Três vezes por dia os sinos aí chamam para a oração. Ela se realiza em todas as línguas segundo uma liturgia extremamente despojada. Fiel presença da comunidade, rochedo sobre o qual o Senhor funda nossa própria oração. Na igreja da Reconciliação, o longo desenvolvimento de uma pequena centena de irmãos estrutura o espaço do ofício e, por sua presença, sustenta a multidão que os cerca. Irmão Roger não está mais aí para acolher, mas "a herança está viva!", segundo as palavras de seu sucessor, frei Alois, *"o humilde sinal de uma comunidade"* (DP, p. 136) é eficaz e continua sendo o convite.

Onde quer que estejamos, podemos perguntar-nos em que comunidade próxima podemos apoiar nossa vida de oração. Retomar o convite do Cristo e, a dois ou três, procurar como fazer comunidade e sair do isolamento, sem ter medo de começos muito modestos. *"Uma oração cantada juntos permite deixar subir em si o desejo de Deus e de entrar numa expectativa contemplativa"* (PB, p. 91).

"De noche iremos, de noche que para encontrar la fuente, solo la sed nos alumbra."

"De noite iremos, de noite iremos buscar a fonte, só nossa sede nos guia".

Musique: Jacques Berthier (1923-1994)
© Ateliers et Presses de Taizé.

Segundo dia

EM NOSSAS OBSCURIDADES, ACENDE O FOGO QUE NUNCA SE EXTINGUE

Tão longe que se remontam na história, multidões de crentes souberam que, na oração, Deus trazia uma luz, uma vida dentro.

Já antes do Cristo, um crente orava: "Minha alma te desejou durante a noite, Senhor, no mais profundo de mim meu espírito te procura".

O desejo de uma comunhão com Deus foi depositado no coração humano desde tempos infinitos. O mistério dessa comunhão atinge o mais íntimo, as profundezas do ser.

Também podemos dizer ao Cristo: "A quem iríamos nós senão a ti? Tu tens as palavras que entregam nossa alma à vida" (PSC, p. 35).

Ao longo de seus escritos, irmão Roger destila o fruto de sua experiência espiritual. Neles se descobrem em pequenos toques alusões recorrentes à sua própria vida de oração, às grandes etapas de sua vida, a tal acontecimento ou tal palavra da Escritura. Sua missão de prior da Comunidade de Taizé o põe em contato com o encaminhamento de seus irmãos e também com muitos homens e mulheres muito diversos que lhe fazem confidência. Dessa experiência ele concebe uma visão mística do homem: quer saibamos ou não, há em nós e para nós uma oração discreta do Cristo; a oração que surge em nós não vem de nós, ela não se constrói e não é uma técnica que se adquire à força de treinamento. Haveria aí um *"risco de juntar-se a um deus fabricado por projeções humanas"* (PA, p. 46).

No começo de todo o itinerário de vida interior, não é um método, mas uma intuição que vai se confirmando, um ato de fé: em tudo, a iniciativa volta a Deus. "Eu creio, vem em socorro de minha pouca fé!" (Mc 9,24). O Criador se liga àquele ou àquela que ele fez à sua imagem e em quem ele reconhece a de seu Filho. Sempre somos precedidos pelo dom de seu "Espírito que vem orar em nós com gemidos inefáveis" (Rm 8,26). Deus nos ama primeiro e depõe no mais profundo de nós este desejo de eternidade que nos põe em movimento, este desejo do coração a coração que permitiu a Moisés entreter-se com Deus "como um amigo fala com seu amigo" (Êx 33,11).

Contudo, o que fazer quando esta aspiração não encontra ressonância sensível em nós? Quando não estamos seguros de nossa fé ou que ela nos parece tão frágil? Dias de obscuridade, irmão Roger os conheceu. Ele guarda muito fortemente na memória as dificuldades de sua juventude, quando passou por um período de dúvida muito forte. Não era um questionamento da existência de Deus, mas de sua capacidade de estar em contato com este Deus aparentemente silencioso. Experiências de criança o tinham feito experimentar a beleza deste mundo da fé. As perturbações e as humilhações da adolescência o levaram a uma perda de confiança. Ele frequentava a Bíblia, fazia estudos de teologia. Múltiplas interrogações o ocupavam.

Chegou o momento em que a oração lhe pareceu totalmente fora de seu alcance, inacessível. Até o dia em que, perturbado porque pensa ter perdido uma irmã que ele ama ternamente, Lily, ele se deixa tocar por estas palavras do salmista que lhe sobem ao coração: "Meu coração diz a teu respeito: 'Procura sua face!' Eu procuro tua face, Senhor" (Sl 27). Dessa experiência fundadora, irmão Roger sempre guardou presente no espírito o cuidado de se juntar a todos que se sentem afastados de toda a possibilidade de orar, prisioneiros de um sentimento de indignidade que obstrui sua vida interior. Não é tanto Deus que se cala, somos nós que nos escondemos sob um véu.

**Ele está entre nós,
Aquele que não conhecemos**

A questão se torna então: como alcançar esta oração de Deus em nós? Jacó dormia em Betel (Gn 28,11-16). É na solidão de seu sono que aparece esta escada que religa nele a Terra e seu Deus. Esse fugitivo se descobre verdadeiramente como o herdeiro da aliança concluída com seu pai. Aliás, é tirado de sua depressão e alimentado por um anjo que o chama para entranhar-se no deserto; ele esperava para si uma grande manifestação de Deus no Horeb (1Rs 19,3-18). Ele precisa reconhecer seu equívoco e deixar-se surpreender por esse Deus que lhe fala. Ele acaba *"de perceber que a voz de Deus se comunicava também através de um sopro de silêncio"* (Px, p. 17), pois Deus não quer se impor.

Nós temos apenas que nos manter diante dele, em sua presença. Perseverar sem medo de nos expormos ao silêncio. Silêncio ao nosso redor, silêncio em nós. *"Deus de toda eternidade, nós gostaríamos de te procurar nos silêncios da oração e viver da esperança descoberta no Evangelho"* (PSC, p. 75).

Em Taizé se encontram tempos e lugares marcados para esse silêncio e ainda mais, ele se instalou no interior mesmo da liturgia como um longo silêncio que pode alimentar-se da Palavra de Deus que acaba de ser lida. Ele não aparece como uma ruptura do ritmo do ofício, mas como o lugar de sua plenitude. Ele é seu verdadeiro coração. Trata-se de uma espécie de silêncio musical, como a pausa, que permite o diálogo porque ele é escuta, espera de uma presença, silêncio de um encontro ou do desejo de um encontro, e não silêncio de um vazio. Silêncio comum manifestando a comunidade de condição dos que se oferecem juntos à Palavra que pode fecundar nossas vidas. Silêncio que nos arranca do tempo, mesmo quando parece que nada acontece.

Do mesmo modo o silêncio se impõe na solidão, com o risco de se escutar a si mesmo e de se deixar desencorajar ou submergir pelo sentimento de sua incapacidade de orar. É então tempo de cantar estas palavras de Agostinho:

"Senhor Jesus, és luz interior, não deixes que fale minha escuridão."

Musique: Jacques Berthier (1923-1994)
© Ateliers et Presses de Taizé.

Nem as dúvidas nem as impressões de um silêncio de Deus retiram de nós seu Espírito Santo.

Sem cessar, irmão Roger declina a diversidade das formas que pode tomar nossa oração: muitas palavras, como fazia Teresa de Ávila, pois a Deus se pode dizer tudo, invocações repetidas incansavelmente à maneira do peregrino russo, versículos curtos cantados que podem evangelizar nossa consciência... Citando Santo Agostinho, ele nos convida a não nos inquietarmos com o que vale nossa pobre oração quando experimentamos o silêncio e "nossos lábios estão fechados". *"Nós nos calamos e nosso coração fala"* (PB, p. 102). Resta confiar humildemente nessa linguagem do coração que nos escapa.

Gestos que falam por nós são reencontrados.

> Em certos períodos, tenho consciência de orar mais com o corpo do que com a inteligência. Uma oração ao rés do chão: dobrar os joelhos, prostrar-se, olhar o lugar onde se celebrará a eucaristia, fazer uso do silêncio apaziguador e até dos barulhos que sobem da aldeia. O corpo está aí bem presente para escutar, compreender, amar (FSF, p. 49).

Progressivamente se faz a descoberta de uma oração pessoal de todo o ser que passa também por uma diversidade de posturas herdadas da tradição.

> Deus de todos os seres humanos, quando temos o simples desejo de acolher teu amor, uma chama se acende pouco a pouco no fundo de nossa alma. Ela pode ser muito frágil, mas queima sempre (PSC, p. 15).

Terceiro dia

VOLTAR AO ESPÍRITO DE INFÂNCIA

Deixar o Cristo penetrar o impenetrável é incansavelmente voltar ao espírito de infância. Ele não impede chegar à estatura de homem, não é em nada um caminho de criancice.

Ser eu mesmo, sem disfarces, sem habilidade. Nada falsifica tanto a comunhão e destrói tanto a integridade da pessoa como usar máscaras (VP, p 175).

Sondar o que há no coração do homem, até em suas dobras mais secretas. Sua cumplicidade tem alguma coisa de fascinante, como sua misteriosa gênese. Tornado atento à sua própria história como à de seu redor para aí procurar o traço de Deus, irmão Roger se interessou de longa data pela psicologia das profundezas. Ele menciona várias vezes em seu diário conversas com um amigo psiquiatra analista cuja sabedoria e humildade admira. Contudo, ele desconfia dos *"conhecimentos analíticos mal dirigidos"* e dos que brincam *"de grandes magos e operam suas devastações"* (VI, p. 141), até encorajando sentimentos violentos contra pai ou mãe, entretendo rancor ou inveja.

Um espírito de fé, sem negar os sofrimentos psíquicos, pode permitir afrontá-los diferentemente sem se deixar levar aos desastres de certas reflexões sobre sua vida passada.

> Quando introspecção e análises voltam um homem sobre si mesmo, que estrago. Quem lhe abrirá as portas do louvor? (...) Pelas portas de louvor sairão e os pavores mortais e os cânticos que não acabam. Deus imprimirá seu traço até nos traumatismos. Eles não serão mais tormentos, mas energia de comunhão (VI, p. 43).

E se o sentido último da vida fosse a alegria de Deus no homem?

Para uma cura e voltar ao espírito de infância, é preciso ...ade e liberdade interior...

Deus de ternura, tu vens fazer de nós humildes do Evangelho. Nós gostaríamos tanto de compreender que em nós o melhor se constrói através de uma confiança muito simples, e até uma criança pode chegar a ela (PSC, p. 123).

Paradoxalmente, longe de ser natural, essa atitude é o fruto de uma conquista. E pressente-se que foi preciso todo um tempo de maturação ao irmão Roger para se emancipar do que teria podido levar a um espírito austero de seriedade e para se libertar de certa preocupação com o que se diria disso.

O puritanismo latente desejaria em todo momento matar a vida, ele se envergonha da espontaneidade, ele desejaria o assassínio da alma e disfarça em exigências positivas o que não é senão violência destrutiva (EA, p. 80).

Eis que a pa... 1968, há mais de cinquenta anos, ele publica ... de seu diário e pode aí contar sem falsidade:

Quando chega o momento de ...
mir diante de uma multidão, para que a ...

dez não vença, eu me digo: "Fica aí como uma criança, a criança que foste um dia, quando tua irmã mais velha te ensinava a ler, a escrever..." (FD, p. 137).

Tornar-se um ser de bênção. A verdade do Evangelho se acha no lado da generosidade da vida e de uma vulnerabilidade exposta, transformada em força, vulnerabilidade "que ele cultivava como uma porta pela qual, de preferência, Deus pode entrar junto de nós", segundo as palavras do Padre abade da Grande Cartuxa, por ocasião de sua morte. *"Louvado seja o Ressuscitado que, sabendo que somos vulneráveis e despojados, vem rezar em nós o hino de uma imutável confiança"* (FD, p. 18).

O Cristo não marcou sua predileção pelas crianças (Mt 18,3)? O Reino não é para elas e para os que se lhe assemelham (Mt 19,13-14)? Preocupado em escapar do risco de certo intelectualismo às vezes encontrado na Igreja e procurando ele mesmo reencontrar as intuições da infância, irmão Roger não hesita em fazer das crianças que encontra verdadeiros interlocutores. Por elas, ele frequenta a seção de brinquedos dos grandes mercados e mantém reservas de bombons para distribuir. Às vezes, surpreendido por suas reações, ele procura aprofundar o seu sentido, muitas vezes prosaico, e com elas se diverte. Ele gosta de rir. Com um infinito respeito e grande compaixão, ele se faz também o eco de seus sofrimentos sem os minimizar.

> Sê agradecido pelo brilho de teu rosto, através de tal criança que nos descobre tua misteriosa presença. Ela nos abre às realidades do Reino, superabundância do coração, simplicidade, admiração, jubilação (FD, p. 158).

Estas palavras soam como um eco da surpresa do Cristo que lhe faz exclamar: "Eu te bendigo, Pai, por teres escondido este mistério aos sábios e doutos e por o teres revelado aos pequeninos" (Lc 10,21).

Para manter essa atitude interior e como uma recordação do que a todos nós é pedido que procuremos viver, para a oração crianças se ajoelham em desordem em torno dele e participam na difusão da luz quando do ofício pascal de cada sábado à tarde. Proximidade do Reino, promessa que Deus faz do novo em nossas vidas.

Caminha para a admiração, para o inesperado

Tirar as máscaras ou desconfiar delas não significa ingenuidade ou inadaptação à vida em sociedade. Nós sabemos que, conscientemente ou não, elas fazem muitas vezes parte do jogo social, inclusive na Igreja. É possível procurar nos livrar delas mesmo guardando um verdadeiro realismo prático e o sentido de nossas responsabilidades.

> O espírito de infância é um olhar límpido. Longe de ser simplista, ele é também lúcido. Os aspectos diversos de uma situação, os elementos positivos como os reveses, não lhe são estranhos. Ele não tem nada de infantil. É penetrado de maturidade. Supõe uma infinita coragem.
>
> O espírito de infância não se deixa parar por estruturas endurecidas da Igreja. Ele procura passar através delas, como na primeira primavera a água do riacho encontra como abrir caminho através de uma terra gelada (SAF, p. 125).

O adulto Nicodemos perguntava a Jesus como nascer de novo (Jo 3,4)... E, zombando da inutilidade de um saber teológico cortado da vida teologal, o Cristo nos oferece a fé na ação imperceptível do Espírito que faz toda coisa nova. Com um olhar de criança, torna-se possível descobrir o mundo sob um novo dia, recebê-lo como um dom, escrutá-lo com amor.

A criação se faz mensageira do Deus Vivo. Como o homem não lhe prestaria atenção? Como então não seria levado ao louvor e quando ele se chama irmão Roger, a certa forma de poesia?

> Encantamento de tudo o que enche o olhar. Frescura dos grossos aguaceiros. Voltado o sol, eles avivam cada pé de erva. Felicidade das primaveras da infância. As contrariedades, as sombras foram lavadas pela chuva fina, varridas pela quente luz de um raio cor de cobre. E a corrida recomeça, com a alternância dos saltos de alegria e das expectativas decepcionadas. Nestes pequenos nadas se inscreve como em filigrana um amor da vida, uma fonte sem a qual tudo seria insípido (EA, p. 69).

"Senhor, proteges minh'alma, conheces meu coração, faz-me andar por um caminho rumo a ti."

Musique: Taizé, © Ateliers et Presses de Taizé.

Quarto dia

DEUS SÓ PODE AMAR

Na presença de violências físicas ou morais na família humana, surge uma grave interrogação: se Deus é amor, de onde vem o mal? (...) Deus não assiste jamais passivamente ao sofrimento dos seres humanos, ele sofre com o inocente, vítima da incompreensível provação, ele sofre com cada um. Há uma dor de Deus, um sofrimento do Cristo. No Evangelho, o Cristo se faz solidário com o sofrimento, ele chora a morte daquele que ele ama.

O Cristo não veio à Terra para que todo ser humano se saiba amado?

Também o coração pode acordar-se para a admiração de um amor (DNP, p. 77-79).

Uma testemunha basta às vezes para nos tocar em profundidade. Antes de ser um apelo à vida comunitária, a história de Angélica Arnauld, a abadessa de Port-Royal, de quando ele era ainda criança, permite ao jovem quando compreender que *"Deus nos ama antes que o amemos"* (DNP, p. 37). Experiência decisiva de que ele se reapropria como adulto. Ele se esforça sem cessar em partilhá-la para situar cada ser em sua vocação de louvor.

Aquele que convida tão fortemente a reatar com uma infância do coração evoca pouco a figura paterna de Deus. A figura de seu próprio pai e seu autoritarismo, que o impressionava, marcaram-no para toda a vida? Nas orações que ele compõe para ler durante a oração comum na igreja, raramente é ouvido invocando o Pai, mas antes Deus, Jesus, o Cristo, ou o Espírito. A confiança filial que ele nelas desenvolve contudo lhe foi antes transmitida por sua mãe. *"Há mães que, na vida de seus filhos, deixam uma marca inalterável e permanecem como um apoio indelével"* (DNP, p. 45).

Até os seus últimos dias, irmão Roger procura incansavelmente reconduzir-nos a essa realidade primeira da bondade de Deus. Cremos verdadeiramente que Deus ama cada um de nós *"com um amor de eternidade"*? Irmão Roger é sempre profundamente atingido quando se exprimem diante dele as ideias assustadoras que atravessam certas consciências e confundem sua vida espiritual: onipotência arbitrária de um Deus que impõe sua vontade, perspectiva de um julgamento incidindo sobre uma perfeição moral, apelo à santidade recebido como uma missão impossível e premissa de uma condenação inevitável, vista a fragilidade do homem...

Deus não se impõe por meios poderosos que causam medo

Esta visão caricatural de Deus se transmite em certos meios, mesmo cristãos, e a questão do mal vem agravá-la para os não crentes: como se poderia confiar num Deus que suportaria de longe que a humanidade fosse confrontada com tantas desgraças e sofrimentos não merecidos? Ao contrário, insiste irmão Roger:

> O que fascina em Deus é sua humilde presença. Ele não fere jamais a dignidade humana. Todo gesto autoritário desfiguraria sua face. A impressão de que Deus vem punir é um dos maiores obstáculos para a fé (ST, p. 13).

Para responder a este processo de Deus tão *largamente difundido em nosso mundo e tão frequentemente ouvido* em particular, irmão Roger partilha sua meditação da Escritura. Ele evoca a situação de

Jó voltando a esta intuição muitas vezes retomada no canto da Comunidade de Taizé: "Eu sei que meu Redentor está vivo e que no fim ele se levantará na Terra; em minha carne eu verei a Deus. Aquele que eu verei será para mim, e meu coração em mim se consome" (Jó 19,25). Como em eco, ele lembra várias vezes um episódio que o comoveu profundamente num leprosário de Calcutá: um homem gravemente atingido, levantando o que lhe sobrava de braço, tinha-se posto a cantar: "Deus não me infligiu um castigo, eu o exalto porque minha doença se tornou uma visita de Deus" (EA, p. 146).

Maravilha esta fé e este reconhecimento de um Deus que acompanha o homem, que se junta a nós em nossos sofrimentos: irmão Roger gostava de repetir que *"em Jesus, Deus se uniu a cada ser humano, sem exceção"*, retomando à sua maneira as palavras do Concílio Vaticano II na *Gaudium et Spes*.

Em minhas provações, Deus me procura

Na igreja da reconciliação um ícone de origem copta diz ainda isso à sua maneira. Ele evoca esta associação indefectível que o Cristo oferece a cada um de nós tanto nos dias de consolação como nos dias de angústia. Nele se vê o Cristo que acompanha o abade Mena. Confiando-lhe a missão de abençoar, ele lhe passa o braço em torno dos ombros e lhe transmite toda a força de sua amizade fraterna. Contemplar assim a pessoa do Cristo em sua ligação com todo homem nos revela alguma coisa do coração de Deus.

> Deus veio ele mesmo à Terra como um pobre, como um humilde. Ele veio através do Cristo Jesus. Deus ficaria longe de nós se o Cristo não fosse sua transparência.
> Desde o começo o Cristo estava em Deus. Desde o nascimento da humanidade, ele era Palavra viva. Ele veio à Terra para tornar acessível a confiança da fé. Ressuscitado, ele faz sua morada em nós, ele habita em nós pelo Espírito Santo. E nós descobriremos que o amor do Cristo se exprime antes de tudo por seu perdão e por sua contínua presença dentro de nós (PFS, p. 28).

Jesus era o amigo de Lázaro e de sua família (Jo 12). Contudo, quando foi informado de sua doença, ele não impediu Lázaro de morrer. Ele experimenta até a censura da parte de suas irmãs, que são também suas amigas, Marta e Maria. Precisamente, elas consideram sua amizade traída: "Se estivesses aqui...". E, contudo, contra a opinião de seus discípulos, totalmente comovidos pela morte de seu amigo, ele assumiu o risco de ir partilhar o luto delas e eis que chora com elas. Ele o faz por amizade. Aproximar-se de Jerusalém era caminhar para sua Paixão. Esta é a missão que o Pai lhe confiou: partilhar totalmente nossa condição humana, deixar-se atingir por todo sofrimento que nos toca.

> Jamais o Cristo assiste passivamente à desgraça de alguém. Ressuscitado, ele acompanha cada um em seu sofrimento a ponto de que há uma dor de Deus, uma dor do Cristo. E, em seu nome, ele nos faz partilhar da angústia dos que atravessam a incompreensível provação, ele nos leva a aliviar a pena dos inocentes (PFS, p. 38).

Tenhamos os olhos fixos no Cristo, que conheceu o sentimento do abandono, que experimentou a solidão do sofrimento. Na agonia em Getsêmani, ele fez a experiência do abandono humano e do silêncio de Deus. O hoje de sua ressurreição nos toca: ele está entre nós, conti nua a nos acompanhar convidando-nos insistentemente a crer em seu amor que é de sempre.

Senhor Cristo, (...) Tu nos amas. Tomando tudo sobre ti, tu nos abres um caminho para a paz de Deus, ele que não quer nem o sofrimento nem a morte, nem a angústia humana, mas repete incansavelmente: "Meu amor por ti não acabará jamais" (FD, p. 136).

"Deus só nos pode dar seu amor, nosso Deus é ternura."

Musique: Joseph Gelineau, © Ateliers et Presses de Taizé.

Quinto dia

O SIM DE TODA UMA VIDA

Santo Espírito, se ninguém é feito com evidência para realizar um sim para sempre, tu vens acender em mim um foco de luz. Tu iluminas as hesitações e as dúvidas, nos momentos em que o sim e o não se chocam.

Santo Espírito, tu me dás consentir com meus próprios limites. Se há em mim uma parte de fragilidade, que tua presença venha transfigurá-la.

E eis-nos levados à audácia de um sim que vai nos conduzir muito longe.

Este sim é confiança límpida.

Este sim é amor de todo amor (L, 2004).

Qual é, então, este apelo ao sim que pontua muito regularmente as mensagens de irmão Roger aos jovens? O de uma urgência: responder ao amor pelo amor. Deixar-se tocar pelo convite insistente que o Cristo lança a todos nós, incansavelmente como ao jovem rico ou a Pedro: "Se queres..." (Mt 19,21), "Tu, segue-me!" (Jo 21,22). Este sim é desejar e acolher como o fruto da confiança: não é o Cristo mesmo que, por seu Espírito, no-lo inspira e nos dá sua força? Liberdade e delicadeza estão nas maneiras de Deus, mas também a insistência.

> Escolher o Cristo! Ele nos coloca diante de uma alternativa: "Quem quer salvar sua vida a perderá, quem doar sua vida pelo amor a mim a ganhará". Mas ele não impõe a escolha. Deixa cada um livre para escolhê-lo ou para rejeitá-lo. Ele não constrange nunca. Simplesmente, desde dois mil anos, manso e humilde de coração, ele se mantém à porta de todo coração humano e bate: "Tu me amas?".
>
> Quando parece que desaparece a capacidade de responder-lhe, resta chamá-lo: "Dá-me doar-me, repousar em ti, Cristo, de corpo e de espírito" (FD, p. 54).

Desde seu opúsculo de 1941, quando ele está ainda sozinho em Taizé, pressente-se que irmão Roger já pensa pessoalmente num engajamento por toda a vida, mas os tempos ainda não estão maduros para que ele ouse afirmá-lo; numa pequena nota, ele indica: *"Põe-se muitas vezes a questão: Vais criar nesta Casa uma Comunidade permanente? A questão é muito apaixonante hoje para poder dar precisões a este assunto"* (NE, p. 17). É preciso dizer que no protestantismo, desde o tempo dos reformadores, existe uma real suspeita a respeito dos votos monásticos.

Contudo, como encarar uma Comunidade permanente sem um compromisso com a duração?

Pode haver apelos fulgurantes, mas, mais frequentemente, a descoberta de nossa vocação se faz por pequenos toques. Cada itinerário é único e passa por um conhecimento e uma aceitação de ser pessoalmente bem-amado de Deus e portador de um nome único que nos é revelado na oração e na contemplação.

> Ser uma pessoa segundo o Evangelho é cavar até descobrir o dom insubstituível que está em cada ser. Através deste dom específico que não se assemelha em nada ao de um outro, o homem se realiza em Deus. Fazer silêncio, retirar-se para o deserto, nem que fosse uma vez em sua vida, para conhecer este dom... (VI, p. 79).

Nos anos setenta, os jovens participando dos grandes encontros de Taizé compravam um pequeno pendente de terracota muito simples com uma camada de esmalte azul em seu centro: os irmãos o tinham apresentado como a evocação da pedra branca do Apocalipse na qual está inscrito um nome novo, conhecido só por aquele que o recebe de Deus (Ap 2,17). Era como o duplo símbolo de um grande desejo de relação pessoal com o Cristo e de uma pertença a um povo orientado para a manifestação do Reino. *"Realizar-te? Torna-te o que és no íntimo de teu coração... e se abrem as portas da infância, a admiração de um amor"* (EA, p. 166).

Resolução sem retorno

Em Taizé, a radicalidade da oferta está sem nenhuma dúvida no começo de tudo. Contudo, o encaminhamento se faz com prudência. Em 1944, em sua *Introdução à Vida Comunitária*, irmão Roger se dá o trabalho de citar uma longa página de Lutero — que, apesar de tudo, deixa aberta a possibilidade de mosteiros como lugares de formação, em particular pela liturgia. O fundador de Taizé se situa assim como homem de continuidade na Igreja no mesmo momento em que começa a fazer o novo...

> Diante deste amor de eternidade, nós o pressentimos, nossa resposta concreta não pode ser passageira, por um período somente, com a possibilidade de recomeçar em seguida. Mas nossa resposta não pode também ser um esforço de vontade, alguns fracassariam. A resposta é antes abandonar-nos (VI, p. 122).

Em sua tese de 1943, irmão Roger tinha escrito que um compromisso para toda a vida não era possível, mas a verdade do amor traz em si mesma a aspiração ao não retorno. Tudo levava os primeiros irmãos a desejarem dar forma ao compromisso que viviam de fato, ao pronunciarem este sim que o Espírito já tinha depositado em seus corações. E, contudo, era preciso ainda vencer apreensões, dúvidas: seremos capazes de manter o compromisso durante toda a vida? Que acontecerá nas horas obscuras que não deixarão de chegar? Irmão Roger tinha-se aberto a uma mulher de grande fé, teóloga protestante, e ele conta que ela então lhe respondeu: "Tu temes não poder perseverar? Mas o Espírito Santo está aí, ele é bastante forte para sustentar uma vocação ao longo de toda a vida" (PB, p. 21).

É assim que na Páscoa de 1949 os sete primeiros irmãos fazem a "profissão", descobrindo nela esta única liberdade e a alegria íntima que dá uma vida fundada não em suas próprias forças, mas na fidelidade de Deus. Eles se comprometem, então, para sempre em pôr em comum bens materiais e espirituais, em viver a disponibilidade que dá o celibato e em reconhecer o ministério de comunhão do prior... *"Sim, admiração de uma alegria: o Evangelho traz em si uma esperança tão clara que gostaríamos de ir até o dom de nós mesmos para transmiti-la"* (PB, p. 37).

Como discípulos do Cristo, por pouco que digamos sim e que com a idade este sim se torne verdadeiramente pleno, é a uma felicidade e a um crescimento em humanidade que Deus nos chama, e não a frustrações ou a desempenhos desumanizadores.

> Jesus, nossa esperança, teu Evangelho nos faz perceber que, mesmo nas horas de obscuridade, Deus nos quer felizes. E a paz de nosso coração pode tornar a vida bela para aqueles que nos cercam (PSC, p. 65).

Alegria! Luz interior de um rosto que, até no fim de seus dias, incita à confiança e à fidelidade. Assim testemunhava ainda irmão Roger quando quase não tinha mais a força para um verdadeiro diálogo, à tarde, na igreja. Deixar ressoar em nós este sim das profundezas é logo pôr nossos passos nos de Maria, no ritmo do Espírito, e eis que descobrimos no "para sempre" um caminho de jubilação que nos convida a cantar com ela.

"Magnificat, magnificat, magnificat anima mea Dominum!"

Musique: Jacques Berthier (1923-1994),
© Ateliers et Presses de Taizé.

Deus, nosso Pai, nós q̶ueríamos amar-te com todas as nossas f̶o̶r̶ças, com toda a nossa alma. Mas tu salva-nos ̶d̶e̶ haver em nós resistências in̶t̶e̶r̶n̶as̶ ̶p̶ara ousar a audácia de saltar as m̶u̶r̶a̶l̶h̶as̶ ̶d̶o̶ dom de nossa vida (Px, p. 100).

Sexto dia

FELIZES OS CORAÇÕES SIMPLES!

No Evangelho, uma das primeiras palavras do Cristo é esta: "Felizes os corações simples!". Sim, feliz quem avança para a simplicidade, a do coração e a da vida. Um coração simples procura viver o momento presente, acolher cada dia como um hoje de Deus.

O espírito de simplicidade não transparece na serena alegria e mesmo no bom humor? Simplificar sua vida permite partilhar com os mais desprovidos, em vista de mitigar os sofrimentos, onde há a doença, a pobreza, a fome... (PB, p. 41).

É na idade de 18 anos que irmão Roger situa o momento em que começou a procurar quais eram as palavras da Escritura às quais desejava apegar-se prioritariamente e nos convida a fazer o mesmo. Elemente e nos convida a fazer o mesmo. Ele nos convida a formulá-las, primeiro para si mesmo em formulá-las, primeiro para si mesmo ou em formulá-las, primeiro para seus irmãos e enfim, mais amplamente para

para todos os que essa iniciativa poderia ajudar, jovens vindos à colina de Taizé, leitores de seus escritos. Sem cessar, ele as meditou; delas se apropriou, depois as reescreveu à sua maneira e as retomou, escreveu de novo, procurando sempre encontrar as fórmulas mais simples, as que podiam facilmente ser retidas, comover o espírito e tocar o coração para nele habitar definitivamente.

> O homem não se talha, a unidade da pessoa não se edifica senão a partir da escolha de referências às quais voltar constantemente. Estas linhas de força pouco a pouco elaboradas constituíram nossa "regra" primitiva, nossas primeiras fontes (FD, p. 175).

O "essencial comum" para a Comunidade, ou o centro do coração, acha-se firmemente apresentado a partir destes três conselhos de 1941, sendo o terceiro herdado da terceira ordem dos Vigilantes:

> Que em tua jornada trabalho e repouso sejam vivificados pela Palavra de Deus. Que mantenhas em tudo o silêncio interior para permanecer em Cristo. Penetra-te do espírito

das bem-aventuranças: alegria, misericórdia, simplicidade (NE, p. 7).

Eles são reencontrados na Regra de Taizé, cuja redação é alimentada pela experiência dos primeiros dias da Comunidade. Nada de uma constituição nem de um texto jurídico, mas um verdadeiro pequeno tratado de vida espiritual. Desde 1953, sua forma foi simplificando-se até se chamar: *"A pequena fonte"* (ST, p. 67).

Um caminho de Evangelho

"Cada um traz em si mesmo um grande tema interior. Deixá-lo cantar e ainda cantar. Inútil procurar em outro lugar. Daí nasce uma criação contínua" (FD, p. 36). Desde sua tese sobre a vida monacal e sua conformidade com o Evangelho, irmão Roger sempre teve a mesma preocupação: procurar os valores evangélicos onde eram vividos. Procurar em toda parte a *"fonte"*, esta imagem que lhe fala tanto, com uma grande liberdade de espírito e uma verdadeira largura de coração, sem se deixar tomar pelas aparências. Sem preconceitos. Trata-se de procurar o Cristo onde ele está.

E mesmo procurá-lo até em Roma quando uma ocasião é oferecida! Isso aconteceu desde 1949 graças ao Cardeal Gerlier que permitiu encontros notadamente com Pio XII e com o futuro Paulo VI.

Talvez seja a semelhante simplicidade de um e de outro que permitiu um contato privilegiado com o Papa João XXIII. Este último pôde exclamar um dia: *"Ah, Taizé, esta pequena primavera!"*. Um dia, irmão Roger lhe perguntou por que confiava nele. Seu interlocutor lhe teria respondido: "Tu tens olhos inocentes!" (Ch, p. 76). E, num sentimento de confiança recíproca, o prior de Taizé escrevia sobre João XXIII: *"Ele mesmo era tão transparente, lia-se nele como num livro aberto"* (KS, p. 75).

Em sua radicalidade, a figura de Francisco de Assis exerceu uma real sedução sobre irmão Roger: pobreza, alegria, poesia, sentido dos sofrimentos da Igreja e compromisso com ela... Mas, para preservar sua liberdade, a Comunidade de Taizé não viverá como uma ordem mendicante. "Desde o início, ele se impôs jamais aceitar doações, nem em dinheiro nem em natureza." E é de lembrar muitas veze último encontro com seu pai, que, como pastor, tinha visto o que se passava nas paróquias e se inquietava com uma dependência possível da Comunidade em relação aos doadores. *"Eu me lembro ter-lhe respondido ainda essa vez: 'Desde o primeiro dia, sozinho em Taizé, eu vivi do meu trabalho e, com este objetivo, aprendi entre outras coisas a ordenhar as vacas'"* (FD, p. 128).

O pequeno domínio permitia uma atividade agrícola na qual os primeiros irmãos se iniciaram não sem aventuras. Contudo, sempre a questão foi: *"Quem são agora os deserdados em torno de nós?"* (Ch, p. 32). E, em 1961, a encíclica *Mater et Magistra* (Mãe e Mestra) de João XXIII, que convidava especialmente os camponeses a se formar e se associar, encontrou neles um eco todo particular. A Comunidade entrou nesse movimento e com alguns camponeses dos arredores participou de uma cooperativa, a Copex.

A partilha atualiza cada dia o pedido do pão cotidiano, ela nos faz entrar no sentido do provisório, no espírito de infância das bem-aventuranças (DP, p. 89).

Tudo dispor na beleza simples da criação

Uma mulher do Antigo Testamento indica o caminho: uma viúva da aldeia de Sarepta (1Rs 17,7-16). Em período de seca e de penúria, ela está no fim de suas provisões e tem um filho para alimentar. Contudo, ela responde ao pedido de Elias, o homem que Deus lhe envia e partilha com ele o seu necessário. *"Ela vai até ao extremo da confiança. Então se produz a passagem fulgurante de Deus, farinha e óleo não faltarão"* (VI, p. 105).

Quando nos oferecemos à configuração com Cristo Jesus, nascido pobre entre os pobres, o miserabilismo poderia nos espreitar. Irmão Roger prefere muitas vezes substituir a palavra simplicidade por pobreza, tanto ele desconfia de tudo que poderia voltar a uma austeridade puritana culpabilizadora quando se trata de *"escolher Deus como primeiro amor"* (FD, p. 186).

Ao contrário, ele convida a sempre guardar o sentido da beleza e da festa, a procurar o que poderá alegrar, alimentar o louvor, manter o gosto da vida... *"A simplicidade esvaziada da ardente caridade: sombra sem claridade"* (ST, p. 90).

Paradoxalmente, é essa mesma simplicidade que o faz aceitar que lhe concedam certos prêmios ou distinções. Neles, ele via um reconhecimento e um encorajamento neste caminho de reconciliação em que caminhava com sua comunidade. Não era também uma ocasião de testemunhar em meios diferentes? O dinheiro recebido era também distribuído às pessoas em necessidade.

Na simplicidade, sem retorno para si, acolher o dom de Deus e partilhá-lo.

> Junto de ti, Jesus Cristo, torna-se impossível conhecer a Deus, deixando passar em nossa própria vida o pouco que compreendemos do Evangelho. E este pouco é exatamente suficiente para avançar dia após dia. É que tu jamais fazes de nós pessoas prontas, nós ficamos toda a vida pobres do Cristo que, em toda a simplicidade, se dispõe a confiar no mistério da fé (PFS, p. 69).

"Nada te turbe, nada te espante, quien a Dios tiene, nada le falta. Nada te turbe, nada te espante, sólo Dios basta." (Teresa de Ávila)

"Nada te assuste, nem te perturbe, a quem tem Deus não falta nada. Nada te assuste, nem te perturbe, basta Deus, só Deus." (Teresa de Ávila)

Musique: Jacques Berthier (1923-1994),
© Ateliers et Presses de Taizé

Sétimo dia

VIVER O HOJE DE DEUS

Quem procura abandonar-se a Deus de corpo e de espírito se deixa construir por dentro por algumas palavras do Evangelho todas simples. (...) Para quem é paciente e aceita as maturidades indispensáveis, chega o dia em que o ser interior foi construído sem seu conhecimento.

Quem se abandona ao Espírito do Deus vivo não fixa seus olhares em seus progressos ou recuos. Como se caminha numa orla, ele vai avante, esquecendo o que está atrás. Ele não procura medir a imperceptível mudança de dentro. Ele não sabe como, mas de dia e de noite a semente germina e cresce (...).

Para retomar fôlego, colher em cada aurora o dia que chega. Em cada um Deus faz o novo.

Viver o hoje de Deus, aí está o mais importante. Amanhã será um outro hoje (SAF, p. 26).

Cumprir, e não abolir. Desde a origem, irmão Roger tem as grandes intuições que estruturarão a aventura da vida comunitária em Taizé e seu impacto eclesial. Contudo, trazendo um projeto cujas implicações o ultrapassam, ele não tem seus contornos precisos, pois isso não vem dele mesmo. Deus não faz de nós estrategistas, mesmo apostólicos. E irmão Roger precisa avançar às apalpadelas, muitas vezes diante de grandes incompreensões, tanto da parte da Igreja católica quanto da Igreja reformada.

Ele quereria reatar com *"uma infância da Igreja"*, com esta corrente de vida antes de todas as separações. Contudo, ele sabe bem que não se pode ficar com os olhos fixados num passado idealizado nem se ater à descrição da primeira comunidade cristã nos Atos dos Apóstolos. Impossível desprezar a história com seus contenciosos herdados. Impossível ainda não perceber os desafios da modernidade para atingir verdadeiramente os homens deste tempo.

Mesmo se há belos encontros no caminho, entre herança e futuro, é toda a densidade e o rigor desta realidade de *"o hoje"* que é preciso enfrentar e assumir: desconfianças, temores, críticas, incômodos...

Então, o que permite avançar? Uma tensão para o futuro que se pode chamar de esperança, esta certeza nas profundezas do coração de qu o Cristo deixou uma missão para sua Igreja, de que Deus não cessa de se interessar por todo homem e de que Ele não abandona a história. Em todo instante, Ele pode irromper em nossas vidas como na da Igreja se fizermos nossas as palavras do salmista: "Hoje, não fecheis o vosso coração mas ouvi a voz do Senhor" (Sl 95). Entramos, então, no hoje de Deus.

Teu milagre em nós

Viver o hoje de Deus. O título do primeiro livro publicado na imprensa de Taizé obteve sucesso com o risco de reduzi-lo à instantaneidade hedonista do mundo contemporâneo. *"Portador do nome do Cristo, cristão, para ti todo instante pode se tornar plenitude"* (FD, p. 28). Longe de preconizar um "viver sua vida" individualista e autocentrado, o fundador de Taizé faz ressoar um apelo à conversão que percorre toda a Escritura. Ele é destinado a cada um de nós e à própria Igreja. Como Zaqueu, é preciso apenas acolher o acontecimento da vinda do Cristo em cada um e aceitar achar-se totalmente transtornado e transformado, perdoado e devolvido à sua dignidade de filho da Promessa, a ponto de tomar imediatamente decisões radicais (Lc 19,1-10).

> Tu me perguntas às vezes onde está a fonte, onde está a alegria da esperança. Eu te responderei. Todo teu passado, mesmo o instante que acaba de passar, já está enterrado, afogado com o Cristo na água de teu batismo. Não olhar para trás: aí está uma parte da liberdade do cristão. Só o interesse de acorrer ao encontro do acontecimento. Renunciar a olhar para trás. Não para ser irresponsável. Se ferisses teu próximo, o abandonarias à beira do caminho? Recusar-te-ias a uma reconciliação, a derramar óleo em sua chaga? Renunciar a olhar para trás. Não para esquecer o melhor do teu passado. A ti compete celebrar as passagens de Deus em tua vida, fazer memória das libertações interiores (FD, p. 27).

Submetido à exigência de seu próprio coração, Zaqueu teria podido desesperar-se, mas, animado pelo olhar do Cristo, é um outro homem. Irmão Roger o sabe bem. A memória poderia obrigar-nos a fazer a conta das feridas recebidas ou das faltas cometidas, a ruminá-las. E acontece que a imaginação habita totalmente como parasita a vida interior de um temperamento inquieto. A sabedoria leva a cortar rente, a aceitar o real sem ceder ao imaginário. É bom, então, abrir-se a um irmão, praticar a confissão. Ela nos expõe à luz do Cristo e permite depor o fardo.

> Perdoando e ainda perdoando, Deus nos incita a soprar os próprios remorsos, como a criança sopra a folha seca. Certeza das certezas: onde há perdão, sempre está Deus (FD, p. 86).

Purificação da memória, porta aberta pela qual o Espírito pode agir em nós hoje, transformar-nos e nos fazer viver deste perdão que não somos capazes de exercer sozinhos. Irmão Roger gosta de lembrar João da Cruz e Teresa de Ávila: eles mostram que não há idade para começar uma nova vida. Jamais é tarde demais para nos oferecermos à luz transfiguradora do Cristo.

Testemunha de um outro futuro

Esta é a exigência da fé se desejamos dizer com o Cristo: "Perdoa-nos como nós perdoamos...".

> Amar é dito rapidamente. Viver o amor que perdoa é um outro negócio. (...) Perdoar: aí está a força secreta para seres, tu também, testemunha de um outro futuro (FD, p. 28).

Também na Igreja, bloqueios institucionais não podem ter a última palavra. Para *"viver o hoje de Deus"* irmão Roger provoca encontros ecumênicos, procura sem cessar ir avante. Com o convite de observadores ao Concílio Vaticano II, João XXIII suscita uma grande esperança: "Nós não faremos um processo histórico, nós não indagaremos quem não teve razão ou quem teve razão. (...) Nós diremos somente: reconciliemo-nos!" (KS, p. 71). Eles levam a mesma intuição.

Responder ao apelo do Evangelho para orar por seus inimigos faz entrar numa dinâmica de transformação:

> Não há oração sem acabamento. Quando confiamos a Deus os que nos ofenderam, alguma coisa se modificará talvez neles, mas já nosso próprio coração está num caminho de paz (PFS, p. 93).

Receber a misericórdia não é a felicidade prometida aos misericordiosos? O perdão ou seu pedido faz vir uma novidade de relação e permite uma antecipação da reconciliação. Eis-nos libertados, aspirando doravante a *"viver o instante com Deus"* (FD, p. 129).

Santo Espírito, tu não queres para nós a inquietação, mas nos revestes de tua paz. Ela nos prepara para viver cada dia como um hoje de Deus (PSC, p. 50).

"Nossa alma espera o Senhor, que dá alegria ao coração."

Musique: Jacques Berthier (1923-1994),
© *Ateliers et Presses de Taizé.*

Oitavo dia

E SE ABRE UMA PASSAGEM

Estás envolvido pelo incompreensível? Quando a noite se faz densa, seu amor é um fogo. A ti compete olhar esta luz acesa na obscuridade, até que a aurora comece a apontar e o dia a se levantar em teu coração.

Tu sabes bem que não és tu que crias esta fonte de luz, ela vem do Cristo.

Passagem inesperada do amor de Deus, o Espírito Santo atravessa cada ser humano como um relâmpago na noite. Por esta misteriosa presença, o Ressuscitado te sustenta, ele se encarrega de tudo, ele toma sobre si inclusive a pesada provação. Mais tarde somente, às vezes muito tempo depois, tu compreenderás: sua superabundância não falta nunca. E tu dirás: "Meu coração não estava ardendo dentro de mim enquanto ele me fal... (ST, p. 19).

Um amigo da ...ra hora, o Padre Villain, sugeriu... nãos a ideia de uma veste de oração penúria desse tempo de fim de gue... panos foram sumariamente costurados. Mas foi madre Teresa que, por assim dizer, forçou irmão Roger a trajar essa alva quase todo o tempo, como um sinal de que os homens de hoje têm necessidade. Sua brancura evoca a vocação batismal que nos faz revestir o Cristo ou a veste dos convidados para as núpcias do Cordeiro no Apocalipse, como uma maneira de nos situarmos sempre na luz da Páscoa.

Não foi no dia da Páscoa, em 1949, que irmão Roger e os primeiros irmãos pronunciaram seu compromisso por toda a vida? Em 1970, foi ainda na Páscoa que aconteceu o anúncio de um concílio dos Jovens, que se transformou em seguida em Peregrinação de confiança na Terra. A todos, entrevista é implicitamente dada de Páscoa em Páscoa.

> A vida de eternidade com Deus não começa no momento em que fechamos os olhos pela última vez nesta Terra (...).
> Também feliz és tu! Em ti a ressurreição começou (C 10-12), tu és associado a uma plenitude, a um or de eternidade. (...) Rejeitando o que pe   bre ti, olha para Jesus, o Cristo. Ele é a fo te ti, olha para Jesus, da manhã, deixa levanta fé. Como a estrela interior, o Espírito do Ress tro de ti a luz nará teu caminho com calma   Ele iluminará

tante após instante, tu compreenderás como avançar (Páscoa, 1983).

Da dúvida à esperança de Deus

Homem de grande sensibilidade e preocupado com a harmonia, temendo ferir e receando os conflitos, irmão Roger sofreu muito e foi marcado por situações *"no limite do tolerável"*, às vezes ele deixou ouvir. Dificuldades ou abandonos de alguns de seus irmãos no seio da comunidade e consciência de seus próprios limites. Como na grande comunidade que é a Igreja, resistências ou oposições, silêncios ou desprezo. Quando ele não procurava senão uma coisa, contribuir para a reconciliação, ele viu deformarem suas intenções, viu incompreensões ou bloqueios se instalarem.

No mesmo nível com a tradição da teologia espiritual dos Padres da Igreja, ele teme que alguns diálogos teológicos se atrasem nos meandros da história e se prendam mais a formulações do passado do que à busca de um futuro comum. Movido por uma visão da Igreja e tomado pela urgência do testemunho, ele quer manifestar tudo o que pode já ser vivido comunhão e é acusado de não ter opinião. Humilhação pessoal, mas, mais gravemente ainda, questionamento do sentido mesmo de toda a sua vida a serviço da unidade da Igreja. Sem se considerar um profeta perseguido, ele sabe que, no seguimento do Cristo, os sofrimentos não são poupados ao discípulo.

Acontece de termos o sentimento de nos encontrar num impasse e de terem-se esgotado todos os recursos da esperança humana. Sobem, então, aos lábios as palavras do salmista: "Por que me esqueceste?... Meus adversários me insultam dizendo-me todo o dia: 'Onde está teu Deus?'" (Sl 42). Prosseguindo a leitura deste salmo, irmão Roger acrescenta: *"Em nós o abismo de inquietações chama outro abismo, a inesgotável compaixão de seu amor. E que espanto: tão próxima estava a confiança e tantas vezes nós a ignorávamos"* (Px, p. 25). Experiência pascal que nos é oferecida.

O Vivente nos precede

Já é a descoberta dos discípulos no caminho de Emaús (Lc 24,13-35). A de homens generosos tragados em sua decepção e seu questionamento da palavra de Deus. Sua esperança é um objeto do passado; mas eis que o Cristo ressuscitado se junta a eles mesmo em seu caminho de volta na tarde da Páscoa. Eles acreditaram em Jesus, sua memória está cheia dos sinais que ele tinha realizado para eles. Eles tinham pensado reconhecer nele a realização da promessa, mas eles tropeçaram no necessário sofrimento e se afastaram da cruz. Não compreenderam que aí se mede o Amor e se reconhece o coração de Deus.

Para eles, a passagem ainda não foi feita. É de noite, e sua páscoa está inacabada até a partilha do pão que os devolve a uma memória evangelizada. Alegre notícia! Pode fazer-se tarde, é ainda tempo de abrir nossa porta ao desconhecido que se senta à mesa e acolher o Espírito do Ressuscitado, para que ele decifre para nós as Escrituras. Irmão Roger volta a isso sem cessar:

> Conhecido ou não, o Cristo está junto de cada um... E nosso primeiro serviço não é ser para cada homem um revelador desta presença do Cristo?
>
> Ele está aí como um clandestino, luz em nossa obscuridade, ardor no coração do homem (Páscoa, 1972).

A luz da Páscoa nada tira do drama vivido por tantos homens, mulheres, crianças que só podemos encontrar com o Cristo na oração, sem sentimentalismo nem dolorismo. Podemos viver cada fim de semana como uma páscoa semanal. Em Taizé, um gesto simbólico trazido de Moscou e realizado a cada sexta-feira que consiste em:

> pôr o ícone da cruz no chão, ir colocar a testa na madeira da cruz, depositar em Deus, por uma oração do corpo, os próprios fardos e os dos outros. Acompanhar assim o Ressuscitado que continua a estar em agonia pelos que conhecem o sofrimento através da terra (FD, p. 108).

No sábado à tarde, depois do círio único representando o Cristo, acendem-se as velas de pessoa a pessoa, exatamente antes da leitura do evangelho da Ressurreição. Esta liturgia recorda a vigília pascal e, convidando-nos a um novo nascimento, lembra o sentido do domingo, primeiro dia da semana, primeiro dia da nova criação.

O que é nascer de novo? É aceitar entrar com o Ressuscitado numa dinâmica de passagens sucessivas. (...) Deixar o Ressuscitado descer até o mais baixo da condição humana para vir aliviar o fardo e ao mesmo tempo nos tirar da passividade. (...) Enquanto nossas inquietações nada podem para tirar o peso dos fardos, a vida oferecida do Ressuscitado apaga tudo e tira de nossas entranhas o agradecimento e o sim (Páscoa, 1980).

"Adoramus te Christe, benedicimus tibi, quia per crucem tuam redemisti mundum."

Musique: Jacques Berthier (1923-1994), © Ateliers et Presses de Taizé.

"Adoramo-te, ó Cristo, bendizemos teu nome, porque por tua cruz redimiste o mundo."

Nono dia

UM MISTÉRIO DE COMUNHÃO

Onde buscar a superabundância de uma vida interior, se o espírito de alegria desaparecesse desta única comunhão que é o Corpo do Cristo, sua Igreja?

Se fôssemos perder uma confiança de criança na eucaristia e na Palavra de Deus...

Se a oração comum dos cristãos viesse a se exprimir numa linguagem transpirando o tédio, ela decepcionaria uma expectativa e até provocaria fuga. Ela se torna acolhedora quando deixa lugar para a beleza do cântico, para a poesia, para a adorável presença do Ressuscitado (ST, p. 51-52).

Ainda criança, irmão Roger foi confrontado com a realidade chocante das divisões que ferem a Igreja. Dissensões no interior de uma paróquia, rivalidades entre paróquias, oposições entre diversas confissões protestantes, separação entre protestantes e católicos. Contudo, ele descobre também em família a beleza dos ofícios ortodoxos, e, na hora de deixar a casa para prosseguir seus estudos, filho de pastor que é, será na casa de uma viúva católica que vai tomar pensão; pois é ela que tem mais necessidade de um complemento de rendas para educar seus próprios filhos. De seus pais, cujas motivações compreende, ele aprende assim que o amor do Cristo não conhece separação confessional. Apelo a ser verdadeiro com o Evangelho.

Muito cedo, seu sentido da harmonia e sua sensibilidade lhe fazem perceber de modo agudo a incoerência que há em se dizer cristãos e viver habituados às divisões eclesiásticas. Mais tarde, confrontado com o aumento do ceticismo e da descrença, ele mede também a amplidão do contratestemunho que decorre dessa dispersão dos cristãos em múltiplas denominações.

Muitas vezes, será ouvido repetindo estas palavras: "O Cristo não veio à Terra para criar uma nova religião, mas para oferecer a todo ser humano uma comunhão em Deus". Sua intuição primeira é bem a da fecundidade do testemunho comunitário; ela surgiu da chaga aberta pelas guerras entre cristãos na Europa, como uma resposta à suspeita mantida sobre a humanidade do homem e sobre a missão de Igrejas incapazes de eliminar estas pulsões mortíferas.

Qual não terá sido sua alegria em acolher em Taizé grandes responsáveis de Igreja desejosos de caminhar para a unidade: João Paulo II, os Primazes da Igreja anglicana, M. Ramsay, G. Carey, arcebispos de Cantuária ou, vindos juntos, os catorze bispos luteranos da Suécia, o Secretário-geral do Conselho Ecumênico das Igrejas, o pastor Carson Blake...

Um ministério de comunhão

Nos tempos da fundação, reuniu-se em torno dos irmãos o que se chamava a Grande Comunidade. Homens de fervor que vinham reabastecer-se de forças. A radicalidade evangélica dessa vida e a novidade no mundo protestante desta forma de oração litúrgica, bem como sua beleza, atraiam. Viver a *"parábola da comunidade"* (ST, p. 121) é crer que ela pode fazer-se sinal e dar confiança à *"comunidade das comunidades"* (UP, p. 7) que é a Igreja. Introduzir assim no mistério da comunhão trinitária como convida o Cristo na véspera de sua morte: "Que eles sejam um, como tu e eu, Pai, nós somos um, a fim de que o mundo creia..." (Jo 17,21).

Quando acolhe João Paulo II em Taizé, no dia 5 de outubro de 1986, irmão Roger declara:

> Com meus irmãos, nossa cotidiana expectativa é que cada jovem descubra o Cristo, não o Cristo tomado isoladamente, mas o "Cristo de comunhão" presente em plenitude neste mistério de comunhão que é seu Corpo, a Igreja. (...) É como um fogo que nos queima. Iríamos até o fim do mundo para procurar caminhos, para pedir, chamar, suplicar se for preciso, mas jamais fora, sempre nos mantendo no interior desta única comunhão que é a Igreja.

É exatamente o *"Cristo de comunhão"* que desejamos encontrar?

É preciso resistir a diversas tentações. A do intimismo, da comunidade vivida para si mesma, como um fim em si, um espaço tranquilizador, procurando a perfeição na beleza da liturgia, com o risco de negligenciar o compromisso com o serviço à comunidade humana. A do sectarismo que daí pode derivar: criar um movimento que afasta de sua Igreja de origem ou de sua paróquia, que se põe então a criticar de fora. Taizé remete sempre cada um à sua família espiritual de origem. Desejar ser *"servidores da comunhão"* obriga a não transigir, a sentir-nos verdadeiramente parte atuante do Corpo do Cristo e com realismo, a aceitar juntos suas fragilidades, sofrer com suas fraquezas e suas divisões, partilhar também seus tesouros de santidade.

Para avançar e compreender melhor o outro, irmão Roger sempre procurou os encontros. Até em Roma, Constantinopla ou Moscou. Com João XXIII se formou uma espécie de conivência que lhe deu uma compreensão nova do ministério de comunhão para a Igreja universal que o bispo de Roma é chamado a exercer.

Continua, contudo, a inquietação do prior. Qual é, então, o lugar na Igreja desta comunidade de homens com origens cristãs tão variadas? Cada um é devedor de sua fé no Cristo à Igreja, que lhe deu a vida batismal, transmitiu-lhe a Palavra de vida. Que comunhão é possível sem negação? Muitas vezes, ele recorda a conciliação da resposta, além das palavras:

"A Igreja é constituída de círculos concêntricos sempre maiores", dizia João XXIII. Em qual círculo ele nos via? Ele não o precisou. Contudo, nós compreendíamos que, na situação em que nos encontrávamos, não se tratava de nos causar preocupação, nós éramos de Igreja (FD, p. 151).

A meditação prosseguiu, e vinte anos mais tarde, quando de um encontro europeu de jovens, ele dizia publicamente a João Paulo II, na basílica de São Pedro:

> Marcado pelo testemunho da vida de minha avó e ainda bastante jovem, eu encontrei em seguida minha própria identidade de cristão reconciliando em mim mesmo a fé de minhas origens com o mistério da fé católica sem ruptura de comunhão com alguém (Ch, p. 8).

Generosidade e largueza da comunhão oferecida pelo Cristo. Assim foi possível comungar das mãos do futuro Bento XVI quando dos funerais de João Paulo II em Roma. Ele o fazia cada dia em Taizé, mas, dessa vez, as câmeras estavam lá, e viu-se este ancião totalmente diminuído, atento à Presença, absorvido nela, entregue à sua sequência. *"O Cristo se oferece na eucaristia. Adorável presença, ela está aí para ti, que és pobre e despojado"* (ST, p. 73). Ele tinha escrito alguns anos antes:

> Estes tempos, eu me encontro muitas vezes na pequena igreja romana junto da reserva eucarística. Este lugar é habitado. A fé da Igreja católica o testemunha desde os primeiros séculos (FSF, p. 56).

Enquanto a celebração da eucaristia continua sendo uma pedra de tropeço entre as Igrejas, em 1970, o Patriarca Atenágoras, em Constantinopla, indicava o caminho e partilhava esta convicção com o irmão Roger: *"O cálice e a fração do pão, não há outra solução, lembrai-vos!"* (VI, p. 33). Sem esperar a comunhão realizada, oferecer-se à transformação eucarística, à obra do Espírito.

> São incontáveis os que têm um desejo de reconciliação que atinja o fundo da alma. Eles aspiram a esta alegria infinita: um mesmo amor, um só coração, uma só e mesma comunhão. Santo Espírito, vem depositar em nossos corações o desejo de avançar para uma comunhão, és tu que nos conduzes a ela (L, 2004).

"Veni Sancte Spiritus, tui amoris ignem accende."

"Vem, Espírito Santo, acende o fogo de teu amor."

Musique: Jacques Berthier (1923-1994),
© Ateliers et Presses de Taizé.

Décimo dia

LUTA E CONTEMPLAÇÃO

Doravante, tanto na oração como na luta
nada é grave a não ser perder o amor.
Sem o amor, para que serve a fé, para que andar bem
até queimar seu corpo nas chamas?
Tu o pressentes?
Luta e contemplação têm uma só e a mesma fonte:
o Cristo, que é amor.
Se oras, é por amor.
Se lutas para dar rosto humano
ao homem explorado, é ainda por amor.
Deixar-te-ás introduzir neste caminho?
Com o risco de perder tua vida por amor, viverás
o Cristo para os homens? (VI, p. 148)

Amor de Deus ou amor dos homens? O que é um amor que não se prova? Tanto em nossas Igrejas como em toda a sociedade, há como um ritmo de balanceiro, de efeitos de moda, às vezes instantes desastrosos. Ora pôr o acento no concreto da ação, ora sobre a urgência da oração. Enquanto uma se esteriliza sem a outra.

Orar. É a percepção intuitiva do poder deste agir oculto para o mundo que conduziu numerosos jovens a se encontrar na colina de Taizé, em torno de uma comunidade contemplativa, no imediato pós-Vaticano II e nos encontros efervescentes de maio de 1968.

Suas consciências se internalizavam, vozes da América Latina convocavam para a revolução, reclamavam reformas agrárias e denunciavam as estruturas de injustiça da economia mundial. As independências da África faziam emergir uma nova maneira de pensar o desenvolvimento dos países do Sul. Alertava-se sobre os métodos de tal multinacional... Um certo pacifismo se misturava à objeção de consciência e costeava tomadas de posição autenticamente não violentas.

Num compromisso generoso junto aos mais pobres, cristãos corriam às vezes o risco da ideologia: agir em nome de bem-aventuranças selecionadas e metamorfoseadas em simples programa de desarranjo dos valores. Era preciso reencontrar a chave: com o Cristo, uma visão do homem em seu mistério, de sua vocação divina. Se o ativismo ameaçava a vitalidade evangélica de alguns, em Taizé muitos pressentiam que a Páscoa do Cristo os chamava a outra coisa: "Luta e contemplação para se tornarem homens de comunhão". Aí se reconhece a influência de irmão Roger: *"Nada é mais responsável do que orar"* (PSC, p. 7).

Uma felicidade de homens livres

Para os discípulos de Jesus, a urgência é não se deixar extraviar numa vã oposição entre o compromisso pelo homem e a vida interior, que, ela também, conhece combates e crises. "Tornar-nos sinais de contradição segundo o Evangelho nos leva a ser ao mesmo tempo incansáveis procuradores de comunhão. Essa comunhão não é recusa das crises e dos afrontamentos, ela é sempre fruto de um parto. Ela nos une em primeiro lugar ao homem oprimido." Essas foram as primeiras palavras da equipe intercontinental que tomou a palavra em Taizé, quando do encontro de Páscoa em 1973; terminava a luta "contra".

O apelo a um autêntico radicalismo evangélico não poderia ser cortado de sua fonte. E irmão Roger continua, neste mesmo dia:

> Luta e contemplação, seríamos levados a situar nossa existência entre esses dois polos? (...) A longo termo, da contemplação surge uma felicidade. E essa felicidade de homens livres é motor de nossa luta para e com todo homem. Ela é coragem, é energia para assumir riscos (LC, p. 157).

Disso dá testemunho a irradiação de tantos homens e mulheres que se mantêm fielmente nesta tensão entre realidades que, longe de ser antinômicas, antes se alimentam uma à outra.

Para resistir a toda forma de inquietação ou de ceticismo, é confortador ouvir, em nome da história santa do mundo – uma história que tem um sentido –, lembrar a realidade bíblica de um "pequeno resto" que soube avançar na confiança e não na facilidade.

Não esqueças que, nos períodos mais duros, muitas vezes um pequeno número de mulheres, de homens, de jovens e até de crianças, divididos através da terra, foram capazes de mudar o curso de certas evoluções históricas. (...) Eles são reconhecíveis, eles se construíram nas horas de incompreensíveis provações. A despeito de tudo, eles perseveram apesar das imobilidades (ST, p. 57-58).

Irmão Roger sabe do que fala. Para ele mesmo e sua comunidade às vezes tão duramente criticados ou contrariados, mas também por tantos contatos procurados e mantidos e com testemunhas da fé em todas as partes do mundo. Há decisões cujas implicações nos ultrapassam largamente. Para o discípulo, não há outro caminho senão o do Cristo, que toma "resolutamente" o caminho de Jerusalém (Lc 9,51). Dificuldades inevitáveis, contradições e até perseguições não podem ser afrontadas serenamente senão com ele, nele. Por amor.

Só temos que nos oferecer à contemplação, ela se faz educadora de nosso olhar e desdobra o espaço em que se descobre a novidade do Espírito. Não há outra coisa para se opor ao ativismo como a desesperança. Nem denúncia simplificadora, nem convite para ir à guerra; a intuição dos anos setenta permanece como um resumo de toda a vida cristã em que se articulam vida interior e solidariedade humana num equilíbrio paradoxal, luta e contemplação, que se torna convite ao limiar do mistério: aceitar ser homem, plenamente, num caminho de partilha com os mais desprovidos, porque habitado por uma presença de comunhão.

Um combate para amar

A luta toma, então, a forma de uma confiança absoluta posta na promessa de fidelidade de Deus, que toma partido pela humanidade do homem. Ele se compromete a nosso lado, já que nos prometeu: "E eu estou convosco todos os dias até o fim dos tempos" (Mt 28,20). Contudo, é a passagem pela cruz que autentica nossa ação.

> A paz começa em nós mesmos. Contudo, como amar os que oprimem o fraco, o pobre? E mais ainda: como amar o oponente quando invoca Cristo a seu favor? Deus manda orar mesmo pelos que odeiam. Deus é ferido com o inocente (FD, p. 170).

Então compreendemos que o testemunho esperado de nós não é antes de tudo o da ação ou o da perfeição, mas o da aceitação de nossas fragilidades, o da misericórdia em relação ao outro e da participação nos sofrimentos do mundo, pois compaixão combina com misericórdia. Esta é a *"violência dos pacíficos"*: com as armas do Espírito, um combate de humanização em que a afetividade pode deixar-se evangelizar, e a inteligência se simplificar.

A palavra-chave dessa novidade de relações é "reconciliação". Reconciliação consigo mesmo, reconciliação com o mundo e com os outros. Reconciliação inaugurada pelo Cristo, reconciliação da qual a Igreja se faz o instrumento quando, ministra do perdão, permite a confissão, que exprime o arrependimento do coração e repete a acolhida do Pai.

> Deus de paz, mesmo se somos frágeis, gostaríamos de te seguir no caminho que nos leva a amar como tu nos amas (PSC, p. 52).

"El alma que anda en amor, ni cansa, ni se cansa."

"A alma que anda no amor nem cansa, nem se cansa" (João da Cruz).

Musique: Taizé, © Ateliers et Presses de Taizé.

Décimo primeiro dia

BONDADE DO CORAÇÃO

Quem vive de Deus escolhe amar.
E um coração decidido a amar pode irradiar
uma bondade sem limites.
Para quem procura amar na confiança,
a vida se enche de uma beleza serena.
Quem escolhe amar e dizê-lo por sua vida
é levado a se interrogar sobre uma das questões
mais fortes que existem: como aliviar as penas
e os tormentos dos que são próximos
ou distantes?
Mas o que é amar?
Seria partilhar os sofrimentos dos mais maltratados?
Sim, é isso.
Seria ter uma infinita bondade do coração
e esquecer-se de si mesmo pelos outros, com desinteresse?
Sim, certamente.
E ainda: o que é amar? Amar é perdoar,
viver reconciliados. E se reconciliar
é sempre uma primavera da alma (LI, p. 2).

Nos seus primeiros escritos, irmão Roger evocava uma comunidade de intelectuais aberta a todas as questões do mundo contemporâneo; ele é visto interessando-se por todas as correntes de ideias que lhe surgem, mas chega a temer que um certo intelectualismo se satisfaça com discussões estéreis, tanto que não haveria uma real abertura do coração no encontro. *"Nossa faculdade racional está viciada; ela se torna incapaz de voltar ao seu verdadeiro rosto, que é procurar a verdade na caridade"* (VAD, p. 152).

Ele experimenta isso cruelmente nos encontros ecumênicos ou em seus contatos com os responsáveis de Igreja, protestantes, católicos ou ortodoxos. Ele tem tanto entusiasmo e tudo lhe parece de tal modo patear em processos históricos. Ele sugere também: *"Compreender com o coração, a inteligência seguirá"* (VI, p. 78).

A Igreja é *"humilde quando os seus, longe de julgá-la com o azedume da suficiência, aceitam amá-la até dar sua vida para tentar renovar hoje ainda suas instituições"* (VAD, p. 155).

O que vale para as instituições vale totalmente para os homens. Durante o Concílio Vaticano II, aproveitando seu estatuto de observador não católico com irmão Max, irmão Roger tem a oportunidade de múltiplos encontros, em particular com bispos ou teólogos do mundo inteiro que ele convida à mesa comunitária. Oração do ofício, partilha fraterna na simplicidade. Intercâmbios em que se descobrem homens, culturas e um grande amor da Igreja. Assim se cultiva a abertura do coração.

Deixar o Cristo transfigurar as sombras

Com uma atenção muito vigilante, irmão Roger se faz pronto para encorajar e sustentar mesmo um gesto modesto indo no sentido das exigências do Evangelho. Mas sempre mantém o silêncio e se recusa a formular críticas que atingem um homem ou uma iniciativa de Igreja, com a perpétua obsessão de não chocar alguém:

> Comunhão, um dos mais belos nomes da Igreja: nela, não pode haver severidades recíprocas, mas somente a limpidez, a bondade do coração, a compaixão... (Ch, p. 67)

Bondade do coração da qual sua mãe foi a imagem. Bondade que ele encontrou em João

XXIII, que descobriu em Dom Helder Câmara, em Monsenhor Wojtyla, o futuro João Paulo II, ou em madre Teresa de Calcutá, com quem criou verdadeiros laços de amizade e muitos outros ainda. Homens e mulheres de interioridade. Pela fé, essa irradiação é aberta a todos nós.

> O Cristo te oferece tudo para ires às fontes da confiança, o Evangelho, a eucaristia, a paz do perdão. E a santidade do Cristo não é mais inatingível, ela está muito perto de ti. Ela transborda antes de tudo na inesgotável bondade de um coração humano, num amor desinteressado (FS, p. 102).

"O que fazeis ao menor dos meus irmãos..." (Mt 25,40). O apelo do Cristo é sem equívoco: reconhecê-lo em todo homem que sofre. Com João da Cruz, irmão Roger repete muitas vezes:

> Na noite de nossa vida seremos julgados pelo amor, pela caridade que tivermos deixado pouco a pouco crescer e desabrochar-se em misericórdia por todo homem (VAD, p. 160).

Comovido pelo que ouve dos bispos da América Latina, como homem desejoso de agir, ele suscita a operação Esperança: ações de partilha Norte-Sul ou Leste-Oeste. E no momento da morte de madre Teresa, ele se lembra:

> Nós tínhamos em comum esta certeza: uma comunhão em Deus nos estimula a aliviar os sofrimentos humanos. Sim, quando aliviamos os sofrimentos dos outros, é o Cristo que nós encontramos (PB, p. 73-74).

Ele não pode esquecer a insistência que uma de suas irmãs de Calcutá pôs em lhe confiar uma menina miserável e doente de alguns meses. Na França, poder-se-ia salvá-la. Era totalmente insensato. Ele o fez. A criança, Maria-Sonaly, viveu.

Contudo, aliviar os sofrimentos dos outros não é sempre da ordem do fazer. Um olhar, uma capacidade de atenção, a delicadeza de um gesto. Uma maneira de ser. *"Só a compaixão permite ver o outro tal qual é. Um olhar de amor descobre em cada um a beleza profunda de cada ser"* (PB, p. 142). Indo ele mesmo a lugares de miséria muito grande, como no mar da China, em Haiti ou numa favela de Nairobi, dirigindo-se a lugares de terremotos no sul da Itália, indo celebrar o

Natal numa prisão de mulheres no Chile... ele se deixa tomar por estas situações humanas de grande abandono.

Experimenta, então, um modo totalmente diferente de presença ao outro; pois sentir nossa incapacidade de às vezes nada podermos mudar de modo decisivo num mundo tão complexo, em vez de nos desesperar, liberta em nós forças novas de compaixão. A bondade do coração não conhece a resignação, mas se põe em movimento. Quem encontraremos?

Fazer de sua casa uma casa de Nazaré

Modernizando a exortação de um Padre da Igreja egípcia, Atanásio, a Carta de Haiti convida cada um, sem percorrer toda a Terra, a fazer de sua casa *"um lar de compaixão no meio dos seres humanos, uma pequena comunidade eclesial"*. Esse é o clima de encontro que tenta fazer viver a comunidade de Taizé em sua maneira de acolher.

Assim, na Páscoa de 2000, o filósofo Paul Ricoeur testemunhava que ele vinha a Taizé "verificar, de algum modo, (...) que, por mais radical que seja o mal, ele não é tão profundo como a bondade". E prosseguia: "Eu vejo irrupções de bondade na fraternidade entre os irmãos, na sua hospitalidade tranquila, discreta e na oração, em que vejo milhares de jovens que não têm articulação conceitual do bem e do mal, de Deus, da graça, de Jesus Cristo, mas que têm um tropismo fundamental para a bondade". Na fonte, o olhar cheio de bondade do Cristo sobre cada um de nós. Só ele pode tocar-nos, desobstruir-nos de nós mesmos.

Trinta anos antes, na Páscoa de 1970, a equipe intercontinental, anunciando com irmão Roger a perspectiva de um concílio dos Jovens, tinha exprimido como a eucaristia, confiada pelo Cristo à Igreja, alargando os corações, transforma o mundo e nele faz circular a bondade: "Em nossa caminhada através do deserto, para uma Igreja de partilha, a eucaristia nos dá a coragem de não acumular o maná, de renunciar às reservas materiais e de partilhar não só o pão da vida, mas também os bens da terra". Para viver deste amor que não se paga com palavras, é preciso saber onde repousar seu coração.

Deus de todos os seres humanos, (...) tu ofereces a cada um ser um reflexo de tua presença. Pelo Espírito Santo, em cada um gravaste a vontade de teu amor, não em tábuas de pedra, mas na profundeza de nossa alma. E, pela paz de nosso coração, tu nos concedes tornar a vida bela para os que nos rodeiam (PFS, p. 40).

"Ubi caritas et amor, ubi caritas, Deus ibi est."

"Onde reina o amor, fraterno amor, onde reina o amor, Deus aí está."

Musique: Jacques Berthier (1923-1994).
© Ateliers et Presses de Taizé

Décimo segundo dia

EM CADA UM, UMA PARTE DE DOM PASTORAL

Amar o Cristo é logo receber dele uma parte, menor ou maior, de dom pastoral. A cada um Deus confia uma ou algumas pessoas. Este dom pastoral, por menor que seja, é uma fonte de que tirar as inspirações para transmitir o Cristo e permitir-lhe realizar sua peregrinação em toda a família humana (FD, p. 118).

O jovem que formulava em 1941 o projeto de vida que ele amadurecia se inspirava na divisa beneditina: "Ora et labora", ora e trabalha, mas ele a transformava nela exprimindo uma finalidade: "ut regnet", para que o Cristo reine. Se oração e trabalho são ordenados para apressar a vinda do Reino, a comunidade em gestação trará o cuidado do mundo e procurará os meios de realizá-lo. De irradiar.

Isso evoca ainda a abertura da Pequena Fonte, que é *"o essencial permitindo a vida comum"*, onde se pode ler: *"Eu sou..."* mas também: *"... vós sois luz do mundo"* (ST, p. 69). O Cristo nos convida a participar da missão que recebeu do Pai confiando-nos uns aos outros.

> Quando compreendemos que Deus ama até o mais abandonado dos seres humanos, nosso coração se abre aos outros, nós nos tornamos mais atentos à dignidade de cada pessoa e nos interrogamos: como participar da preparação de um outro futuro? (...) É antes de tudo quando é vivida que a fé se torna crível e se comunica (PB, p. 140).

Como um parto do Reino por dentro

Em seu próprio cargo, irmão Roger procura sobretudo o contato de alma com alma. Reserva, timidez, medo das multidões? Não só. Como via, então, seu próprio ministério? Pela escuta, transmitir o Cristo. *"A escuta do outro estimula nele uma espécie de parto permanente do Reino por dentro"* (PA, p. 51). Olhar claro em atenção ou os olhos fechados, ele é visto totalmente absorto numa comunicação interior, além das palavras.

Aquele que o escuta é tomado pela intensidade dessa atenção, cheia de simplicidade, de oração. Compaixão e misericórdia. Também bênção. Muitas vezes quem vem a ele não compreende as palavras que são pronunciadas num sussurro. O silêncio pode até se instalar. O reconforto vem de um Outro.

Tal presença pede que se entregue a ela. Estar todo no outro, deixar-se cativar por ele; deixar-se tocar pelo que ele diz não se improvisa e não pode deixar alguém ileso. Contudo, com o tempo não poderia haver uma certa fadiga? Seria pôr-se numa posição de desequilíbrio, com um risco de paternalismo. Impossível esquecer que esta escuta é antes de tudo reconhecimento do face-a-face, missão recebida em que se encontra traço do rosto do Cristo.

Irmão Roger aí descobre uma fonte de inspiração inesgotável para fazer chegar o Reino. Ele procura *"compreender tudo do outro"*. Então, *"acontece muitas vezes que, acompanhando um outro, aquele que escuta seja ele mesmo levado ao essencial, sem que o face-a-face provoque suspeita"* (FD, p. 118). É assim que irmão Roger pode perceber as aspirações profundas de seu tempo.

Compreender o que está sob o coração do outro

"Como toda pessoa, Jesus tinha necessidade de ouvir uma voz humana dizer-lhe: 'Tu sabes bem que eu te amo'" (FD, p. 118). Depois de Pedro (Jo 21,15), por nossa vez lho diremos? Hoje o reconheceremos em tantos homens, mulheres, jovens ou crianças, pessoas idosas que sofrem de uma cruel solidão, da ausência de ouvido compassivo? Madre Teresa e irmão Roger, numa declaração comum, lembravam a existência no Ocidente de *"morredouros invisíveis"* (lugares de morrer). Contudo, haveria um perigo em ater-se a simples considerações psicológicas.

Muitas vezes não conhecemos muita coisa do contexto no qual se desenrola a existência dos que fazem confidências. Isso não é importante. De todo modo, responder-lhes com conselhos ou com categóricos "é preciso" levaria a caminhos sem saída. Escutá-los para desimpedir o terreno e preparar neles os caminhos do Cristo (FD, p. 115).

Não se trata apenas de ser a ocasião em que se diga o que pode sobrecarregar o coração ou que o faz sofrer, mas ohar para além de como abrir as prisões interiores, para despertar cada um para esta presença íntima do Espírito do Cristo. *"Nele já nos curamos uns pelos outros"* (VI, p. 123).

Com o afluxo dos participantes nos encontros intercontinentais ou dos visitantes, Taizé descobre sua vocação de acolhida e de escuta. E irmão Roger pede a outros irmãos que também se tornem disponíveis no fim dos ofícios. Atenção porém, trata-se de permanecer como *"homens de escuta, jamais mestres espirituais. Quem se erigisse como mestre poderia bem entrar nesta pretensão espiritual que é a morte da alma".*

Não há nada mais do que ler irmão Roger para compreender que ele não hesita em partilhar sua experiência espiritual, ancião, com humildade, sem jamais querer dar lição. Ele é tão consciente de suas próprias contradições, de sua fragilidade. E sublinha o que poderia ser uma tentação para ele, para a comunidade de Taizé, para nós:

Sim, recusar-se a captar alguém para si mesmo. A Virgem Maria indica um gesto de oferta, ela não guardou seu Filho para si mesma, ela o ofereceu ao mundo (FD, p. 114).

Pureza de intenção e desapropriação, não há outro caminho.

Cada noite, há doravante um momento na igreja em que cada um pode encontrar um irmão ou solicitar de um padre o sacramento de reconciliação; ora, esse tempo de escuta não é senão o sinal do que todo cristão é convidado a viver com aquele que Deus põe em seu caminho para lhe confiar: abrir um diálogo espiritual, *"até que, mesmo numa terra trabalhada por provações, ele perceba a esperança de Deus ou ao menos a esperança humana"* (FD, p. 118).

Uma visão mística do ser

Tornados interiormente atentos a imperceptíveis crescimentos, às vezes temos a intuição de que nos é dado encontrar um ser em seu mistério, aquele em que *"habitam ao mesmo tempo a fragilidade e a irradiação, o abismo e a plenitude"* (SAF, p. 83). Entre palavra e silêncio, revela-se *"o dom específico de Deus nele, eixo de toda sua existência"* (VI, p. 128).

Desejando, então, assumir o projeto de Deus, um grande desejo se estabelece em nós: *"Se, partindo daqui, os jovens tivessem descoberto o dom depositado neles..., se tivessem por sua vez a ardente aspiração para facilitar para outros os caminhos do Cristo..."* (FD, p. 115).

Nós nos descobrimos fundamentalmente tomados por uma solidariedade que nos ultrapassa. Doravante, ouvimos o apelo para nos engajar a favor de nossos irmãos.

> Quando o tentador sopra no ouvido os "para quê?" que fazem escorregar na beira da estrada, sempre se encontra um próximo que nos puxa pela mão. E, por nossa vez, se um dia o outro escorrega, nós o puxaremos do caminho (FD, p. 129).

Contudo, que acontece quando vos chocais com a incompreensão e quando o outro parece recusar-se à escuta mútua? O risco seria reduzir o oponente às suas ideias, não mais reconhecer nele figura humana. Como a comunidade de

Taizé escapa às categorias habituais, irmão Roger se encontrou exposto a graves dificuldades institucionais, tanto diante do protestantismo francês quanto defronte da Igreja Católica.

No dia em que foi convocado pelo Santo Ofício em Roma, ele escreveu: *"Tentar compreender os que se opõem e talvez, um dia, contra toda esperança, um diálogo surgirá de homem a homem, e tudo se esclarecerá"* (VI, p. 134). Numa tal atitude se descobre a coerência de uma vida. Luz de uma vida.

> Jesus, paz de nossos corações, teu Evangelho vem abrir nossos olhos à plenitude de teu amor: ele é perdão, ele é luz interior (PSC, p. 48).

"Christe, lux mundi, qui sequitur te, habebit lumen vital, lumen vitae."

"Cristo, luz do mundo, quem te segue terá a luz da vida."

Musique: Taizé, © Ateliers et Presses de Taizé

Décimo terceiro dia

PAIXÃO DE UMA ESPERA

A oração é ao mesmo tempo paixão e abandono. Ele é também espera: esperar que se abra uma passagem, esperar que exploda o muro das resistências interiores. Como nós, em sua vida terrestre, o Cristo conheceu estes ardentes sofrimentos.(...)

Há (...) os que, por assim dizer, nunca conhecem ressonância sensível de uma presença neles. Durante sua vida, eles estão na expectativa, e esta ativa o ardor da procura. Para eles, a contemplação é uma luta, ela não transborda de uma plenitude imediata, ela não faz jorrar espontaneamente uma efusão para o Cristo (VI, p. 36).

Associando a oração a esta espera ardente que deixa surgir em si e repetir indefinidamente o apelo urgente do Apocalipse: "Vem, Senhor Jesus" (Ap 22,20), irmão Roger convida a aprofundar-se nesta *"capacidade espiritual"* depositada em nós pelo Espírito. Ela faz de nós seres vivos, seres de desejo e de compromisso. Apelo que não é somente espera escatológica nem simples apelo ao socorro para si mesmo, para tal ou tal pessoa, mas intercessão, espera que mantém desperto e universaliza o olhar. "Ut regnet", que Ele reine! Em todo homem, sobre todas as coisas...

Nada mais é insignificante.

> No decurso de nossos dias e de nossas noites, há gestos que fazemos por causa do Cristo, e estes gestos se tornam oração: o perdão, a reconciliação, tal combate para se manter na fidelidade conjugal ou num celibato oferecido a Deus. Estes sinais e tantos outros são uma linguagem dirigida ao Cristo. Realizados para ele, indicam-lhe nosso amor (FSF, p. 69).

Espera de amor e de purificação que nos descentraliza de nós mesmos. *"Seu amor é um fogo."* Que importa que não tenhamos senão poucas palavras na oração ou que esta espera mesma nos pareça às vezes decepcionante! Aprendem-se, então, uma forma de passividade e a paciência.

Um outro que ora e que luta, que permite resistir a todos os temores que paralisam, a todos os retornos a si mesmo que obstruem a vida interior diante da exigência de experiências sensíveis, está aí, em cada um. Ele permite identificar e *"abandonar as más tristezas"* (DNP, p. 53), ouvir de novo enfim estas palavras: *"Não te esqueças, do que te preocupa Deus se ocupa"* (ST, p. 48).

Canta o Cristo até a alegria serena

Nosso coração, *"suspenso no fino silêncio de Deus"* (PA, p. 40), pode bem ser um campo de batalha por momentos. Longe da disponibilidade procurada, eis-nos às vezes assaltados por imagens, reflexões que parecem afastar-nos da oração... A tentação seria, então, mobilizar todas as nossas energias para construir, à força do pulso, uma concentração ou um silêncio artificiais. *"Numa vida de comunhão com Deus, nada pode ser forçado, a tal ponto que, às vezes, quanto mais queremos, menos podemos"* (PA, p. 121).

Nas dificuldades ou nas obscuridades, não parar. Sem condescendência consigo nem cumplicidade com o Tentador, passar e cantar.

> Muito jovem, fui tocado por palavras que datam de vários séculos antes de Cristo: "Louvado seja o Senhor, e eu fui libertado do inimigo!". O Espírito do louvor sai de nós mesmos para depositar em Deus o que nos

inquieta e nos atormenta. E se transfiguram
as resistências das profundezas (PFS, p. 83).

O imaginativo e impressionável irmão Roger sabe que sai muitas vezes do equilíbrio interior pessoal. Retomar o caminho da confiança: Deus pode fazer fogo com toda madeira. Longe de brandir referências voluntaristas e culpabilizantes, ele afirma resolutamente sua confiança: *"A quem se surpreende em dizer: 'Meus pensamentos se extraviam, meu coração se dispersa', o Evangelho responde: 'Deus é maior que teu coração'"* (PA, p. 45). No reconhecimento do hóspede interior se revela a dignidade de cada um, sua dinâmica profunda, enquanto que germina a confiança e se opera uma cura.

A entrega a Deus das preocupações, das
oposições, libera as energias para olhar além
das situações, além também dos seres. Talvez
seja assim que já atingimos uma parcela de
eternidade (FSF, p. 87).

"Não olhes meu pecado, mas a fé de tua Igreja"

Fazendo a experiência da comunhão dos santos, para sair de um grave período de dúvida, o jovem Roger se tinha dito: *"Apoia-te na fé daqueles em que confias, tu sabes que eles têm uma grande honestidade"* (Ch, p. 19). Contudo, durante toda a sua vida, ele terá estado às voltas com a dúvida, o que o faz estar em consonância com a interrogação de tantos de seus contemporâneos, tomados por um sentimento de indignidade, de culpabilidade difusa ou de ceticismo inquieto. Sub-repticiamente o medo se insinua com a desconfiança de si.

> Como se manter? Ousando avançar depois de cada desânimo, depois de cada fracasso. Não com um coração ideal, mas com o coração que temos. Não com o coração que não temos: Deus o mudará (FD, p 38).

Da dúvida à fé, a linha de divisão é tão tênue que muitas vezes as duas coexistem em nós. E aí pode situar-se o combate espiritual, como um afrontamento de poderes mortíferos e do Espírito do Ressuscitado. Quem põe seus passos nos de Jesus não pode escapar desse combate cujas injunções nos ultrapassam. A espera se torna paixão. Sofrimento com o Cristo. Em 1978, na catedral do que era ainda

Leningrado, irmão Roger se dirigia aos seminaristas:

> Quanto mais caminhardes com o Cristo, mais sereis levados ao monte da tentação. Ele mesmo esteve lá. Quanto mais nos aproximamos invisivelmente da agonia do Cristo, mais trazemos em nós um reflexo do Ressuscitado (FD, p. 107).

Com o Cristo, luz da Páscoa!

Espera de comunhão também que obriga a tomar as armas contra o *"Separador"*, aquele que faz de nós habituados à divisão. Fiel ao apelo recebido, fiel ao Evangelho, irmão Roger toma emprestado um caminho profético na Igreja, sem reconhecimento institucional. Na Escritura, vê-se que o profeta se expõe à zombaria. Ele não pode resistir ao Espírito. Desejoso por inscrever-se na continuidade da aliança de Deus com seu povo, para chamar à conversão e abrir novos caminhos de vida, ele assume riscos.

E irmão Roger, confiando num momento em que via recair a vaga ecumênica, que tinha suscitado tantas esperanças no tempo do Concílio Vaticano II:

Eu sou atravessado por uma convicção: este imenso combate a travar afronta os poderes deste mundo de trevas. Eles não querem unidade visível. Eles sabem que o Cristo agoniza em sofrimentos diante de sua Igreja dilacerada. Também aceitei que o combate poderia bem ser maior ainda (VP, p. 171).

Ele revela aí uma chave de sua vida interior: com o Cristo, aceitar junto; aceitar junto o real, o do grão lançado na terra, o da vinha podada... Nesta dinâmica pascal, o apelo do Evangelho a uma reconciliação imediata (Mt 5,23-24) continua a ser ouvido. Entraremos nesta espera orante e ativa de uma comunhão visível na Igreja?

Santo Espírito, mesmo quando nossas palavras chegam a exprimir pouco a espera de uma comunhão contigo, tua invisível presença habita em cada um de nós, e uma alegria pode ser-nos oferecida (PSC, p. 25).

"Minha alma repousa em paz só em Deus, dele vem minha salvação. Sim, só em Deus minha alma repousa, repousa em paz."

Musique: Jacques Berthiers (1923-1994),
© Ateliers et Presses de Taizé.

Décimo quarto dia

ALARGAR

Os cristãos estão na hora em que a vocação de universalidade, de catolicidade, depositada neles pelo Evangelho, pode encontrar uma realização sem precedente. (...)
Terão eles o coração bastante ardente para responder a um dos primeiros apelos do Evangelho: em cada hoje, assumir o risco de se reconciliar, ser assim fermento de confiança entre as nações, entre raças, em toda a massa da família humana que, para subsistir, aspira a uma unidade através da terra? (PA, p. 133).

A comunhão à qual o Cristo chama ultrapassa a realidade eclesial e não pode senão se tornar sensível às angústias da família humana. A partilha da eucaristia ou a oração junto à reserva eucarística educa nosso olhar e faz *"descobrir em cada encontro o Cristo feito homem"* (UP, p. 78). Tipos de solidariedade insuspeitos aparecem. Comunica-se um entusiasmo interior longe de todo o conformismo e se descobre a irradiação de uma humanidade reconciliada.

> Que Deus me ama é às vezes uma realidade pouco acessível. Mas venha o dia de uma descoberta: deixando-me atingir por seu amor, minha vida se abre aos outros (L, 2000).

Essa experiência transtorna e revela a urgência da abertura do coração, a necessidade do sacramento do irmão.

Deixando a Suíça e indo para a França, irmão Roger procura situar-se numa linha de ruptura com o mundo. Escolhendo finalmente Taizé, ele opta por um lugar de pobreza marcado pelo abandono. Estando em contato com uma rede lionesa de resistência e acolhendo clandestinos, judeus ou outros, ele assume sua parte de risco para ajudar as pessoas.

No fim da guerra, o cuidado dos vencidos, os antigos inimigos, prisioneiros alemães detidos em campos muito próximos e às vezes maltratados leva ele e seus irmãos a uma nova experiência de compaixão. Depois, quase não há conflito no planeta que não tenha tido um eco concreto em Taizé. *"Aquele que ora é um ser que tem um polo. Esse polo, invisível e escondido, puxa o homem para frente. (...) Ele se torna um outro para os outros"* (VI, p. 36).

Manter-se de pé nas feridas da família humana

Uma característica da comunidade de Taizé, desde seu começo, foi seu desejo de inserção nas realidades do mundo e seus contatos com militantes engajados em diversos movimentos desejosos de mais justiça social, como mostram os diversos testemunhos que precedem à *Introdução à vida comunitária*, de 1944.

Com o retorno à paz, a França se descobria como "terra de missão", e a Igreja procurava atingir as "massas" do mundo operário. Houve a experiência dos padres operários. Irmãos de Taizé viveram este tipo de engajamento numa fraternidade provisória em Montceau-les-Mines e em Marselha. Eles mediram seu interesse e a dificuldade. Outros foram em seguida enviados a lugares de grande pobreza, países tanto do sul como do norte. Algumas fraternidades são muito provisórias, ligadas a um projeto ou uma missão, outras mais duráveis, como no Brasil, em Bangladesh, em Seul ou em Dakar.

A atualidade é uma renovação perpétua de ocasiões das quais se aproveita mesmo que por pouco alguém que se torne disponível. Atentos ao sofrimento e ao isolamento dos cristãos por trás da cortina de ferro, irmãos fizeram viagens ao seu encontro. Irmão Roger também. Alguns aprenderam a língua russa. Também foram enviados jovens cada vez que era possível participar de um campo, de uma peregrinação como em Czestochowa, de um canteiro de obras...

Encontraram-se estratégias para convidar jovens húngaros, checos, poloneses etc. que se encontravam a seguir em Taizé. Intercâmbios se tornaram possíveis. Por momentos, a Europa respirava discretamente "com seus pulmões" segundo a expressão de João Paulo II. O testemunho da fé não podia ficar preso nas fronteiras.

"O corpo do Cristo, sua Igreja, tem que se alargar mais à escala do universo" (LC, p. 174). Impossível não ouvir aí um eco das palavras do profeta Isaías: "Teu criador é teu esposo (...), chama-

se o Deus de toda a Terra" (Is 54,2). Ele convida Jerusalém a antecipar a alegria de sua maternidade universal, a alargar o espaço de sua tenda para acolher toda a posteridade que lhe está prometida. "Todos os teus filhos serão discípulos do Senhor." Abertura para uma fecundidade, para um futuro de justiça. Este é o horizonte último.

Contudo, hoje, como cristãos, decisões pessoais devem ser tomadas para serem fiéis à aliança na qual nos introduz nosso batismo; por isso, eis-nos confrontados com uma alternativa:

> Ou bem, à imagem de uma humanidade que se rompe em múltiplos fragmentos, o povo de Deus vai ele também ficar dividido em multidões de facções opostas, indiferentes umas às outras, incapazes de partilhar as alegrias e os sofrimentos de toda a família humana. Ou bem os cristãos vão se reconciliar e alargar sua solidariedade com todos os seres humanos. A Igreja se tornará o que ela é, germe de uma nova humanidade, enfim reconciliada (FD, p. 150).

Uma autêntica catolicidade não pode ser confessional ou submissa à lei da maioria. Deus se acha sempre do lado de quem chora. Também, quando do Concílio Vaticano II, viu-se irmão Roger, antes de se alegrar quando um texto que ele tinha desejado era adotado, mas sem a unanimidade, convidar a orar pela minoria que não se sentia reconhecida. É que, acolhendo toda a miséria do mundo, na oração cotidiana, manhã e noite, o coração se alarga generosamente à intercessão.

Deus te oferece uma superabundância, inesgotavelmente

Amar a Igreja isoladamente, sem o Cristo, chegaria à intransigência. Mas amar o Cristo só, sem seu corpo, suscita um encolhimento em nós. Amar o Cristo e amar a Igreja é um todo, e estas palavras me interpelam incansavelmente (FSF, p. 141).

Tudo estava em promessa no primeiro opúsculo escrito na solidão de Taizé em 1941. E, contudo, irmão Roger teve muitas vezes que se deixar transbordar pelas maneiras de Deus! Seu projeto era ambicioso, já que desejava ardentemente trabalhar pela unidade visível da Igreja, mas ele era modesto em suas dimensões humanas: *"A meus primeiros irmãos eu dizia, nós chegaremos a doze irmãos"* (LC, p. 31).

Era preciso mudar de escala, alargar as perspectivas sem pôr limites ao apelo de Deus. Passar da poesia íntima da igreja romana a uma construção de argamassa que pareceu de início muito imponente, depois alargar o edifício e quebrar sua fachada para acolher mais gente ainda. Passar os oceanos, atingir as grandes cidades do mundo. Eis-nos transtornados e incitados a querer por nossa vez fazer cair todos os muros de separação, evitar todas as formas de exclusão, de divisão. Um critério de discernimento se impõe doravante às nossas vidas: o *"sentido do universal"* (VI, p. 14).

No dia de sua morte, irmão Roger trabalha em sua carta anual, mas o cansaço o impede de chegar ao fim de sua frase: *"Na medida em que nossa comunidade cria na família humana possibilidades para alargar..."* (LI). A última palavra, "alargar", como os pontos de suspensão, formam uma espécie de testamento, insólito, mas bem da maneira de irmão Roger. Na confiança que ele transmite, seu inacabamento se torna o lugar de nossa herança.

Que nos pedes tu, Cristo? Antes de tudo carregar os fardos uns dos outros e confiá-los a ti em nossa oração sempre pobre. (...) Em quem se deixa acolher por ti, o Servidor sofredor, o olhar interior percebe, além de seus próprios limites, um reflexo do Cristo de glória, o Ressuscitado (FD, p. 103).

"Laudate omnes gentes, laudate Dominum.
Laudate omnes gentes, laudate Doninum."

"Povos todos, louvai o Senhor."

Musique: Jacques Berthiers (1923-1994),
© Ateliers et Presses de Taizé.

Décimo quinto dia

UMA PEREGRINAÇÃO DE CONFIANÇA

Se pudéssemos recordar-nos sempre que o Cristo é comunhão... Ele não veio à Terra para criar uma religião a mais, mas para oferecer a todos uma comunhão em Deus. Seus discípulos são chamados a ser humildes fermentos de confiança e de paz na humanidade.

Quando a comunhão entre cristãos é uma vida, não uma teoria, ela traz uma irradiação de esperança. Mais ainda: ela pode sustentar a indispensável busca de uma paz mundial. Então, como os cristãos poderiam ainda ficar separados? (PB, p. 107).

Os familiares de Taizé o sabem, há sempre algo de novo a descobrir quando se chega: rostos, arranjos, cânticos, propostas... Nada parece paralisado. E, contudo, desde as origens, que sentido das continuidades! Aí se encontram abertura e tradição, criatividade e fidelidade, sentido da vida...

Em 1965, o Concílio Vaticano II termina. Como observador, irmão Roger se alegra com o trabalho realizado mesmo medindo as dificuldades que iam surgir do interior da Igreja (integristas contra progressistas). Ele gostaria de sustentar este movimento de tantos homens de boa vontade na busca de uma comunhão em Deus.

Publicando *Dinâmica do provisório*, respeitando as instituições e convidando a aceitá-las, ele não procura sacralizar o espontaneismo, mas convida cada um a esta desapropriação radical, que a vida no seguimento de Cristo requer, firmando-se profundamente no mistério da Igreja. Nem se instalar, nem se aferrar.

> Para o cristão, tudo é sempre começar. Ele se mantém na gênese das situações, ele é homem ou mulher das auroras, das perpétuas descobertas. Ele espera contra toda esperança (FD, p. 153).

Aceitando nossa inscrição na história nos reconhecemos herdeiros e responsáveis por um futuro, inseridos numa tradição eclesial que se acha estimulada e renovada pela generosidade de nossa acolhida do Espírito. Assim pode desenvolver-se hoje nossa capacidade de fazer o novo: *"Deus jamais condena alguém ao imobilismo. Ele nunca fecha os caminhos. Ele sempre abre novos, mesmo se são às vezes estreitos"* (PA, p. 161).

Na mesma época, irmão Roger sente surgir o risco de uma *"ruptura das gerações"* (DP, p. 31). Em seu ministério de escuta, é sensível à confusão dos jovens que vão a Taizé. Marcado pelo que viveu em Roma e procurando o que propor, ele tem a ideia de um Concílio dos Jovens. Então, com audácia, solicita uma equipe internacional de jovens para lançar a preparação, na Páscoa de 1970.

Ele não sabe a que isso pode levar. Contudo, vê a necessidade de praticar atos de esperança e o faz como incansável procurador de caminhos novos.

> Eu irei até as extremidades da Terra, irei até o fim do mundo se for preciso, para dizer e repetir minha confiança nas novas gerações, minha confiança nos jovens (VI, p. 13).

Uma Igreja vivendo sob a tenda

Particularmente atento ao que se prepara nos países atrás da cortina de ferro, ele encoraja os jovens:

> Em particular com o Cristo, tu ousarás esperar até o estouro mesmo das evoluções da história, aparentemente inevitáveis. Essa esperança engendra um entusiasmo criador: ele derruba os determinismos de injustiça, de ódio, de opressão. Em particular, uma esperança vinda de um Outro. Ela reinventa o mundo (VI, p. 7).

Numa nova relação com os mais velhos, esses jovens descobrem verdadeiras responsabilidades e, de passagem, veem a necessidade de adquirir competências; alguns aprendem a amar uma Igreja aberta às dimensões do planeta, multicolorida, pobre e muito rica, engajada para mais justiça, dividida e sofredora, mas celebrando no Cristo ressuscitado a manifestação de um amor que não conhece limites.

> Diante das divisões e rivalidades que imobilizam, nada mais essencial do que se pôr em

marcha para se visitar, se escutar uns aos outros e celebrar o mistério pascal (FD, p. 185).

No seguimento de irmão Roger, eis-nos convidados a deslocações, ora aparentemente imóveis, frutos de um trabalho interior ou de uma reflexão, ora marcados por encontros, que nos abrem bem além do que imaginamos procurar.

Como imaginar, no interior da Igreja, estruturas informais para o Concílio dos Jovens? Missão impossível. É preciso, então, suspendê-lo. Contudo, sem interromper sua dinâmica mais profunda. Começa logo a *Peregrinação de confiança na Terra* que continua ainda depois da morte de irmão Roger através de pequenos ou grandes encontros em todos os continentes. Essa capacidade de dar saltos na confiança, sem perder a direção, não é possível senão para quem se torna disponível ao apelo de Deus: "Caminha em minha presença!" (Gn 17,2).

Em Roma pela primeira vez em 1949, para uma visita a Pio XII, irmão Roger tinha feito conhecimento com seu colaborador, Monsenhor Montini, o futuro Paulo VI. Como leitor assíduo de Agostinho, que associa a vida cristã a uma peregrinação, ele se apresenta então a si mesmo e apresenta seus irmãos como *"peregrinos a caminho"* (LC, p. 147). No seguimento de Abraão, do povo de Israel, de Pedro, Tiago e João tiveram que descer da montanha da Transfiguração.

Essa imagem não cessa de falar. É no Chile que ele acaba de compor o *Itinerário de um peregrino*. Essas balizas para uma vida interior exigente dão referências para o discernimento e convidam a corajosas decisões. Não se trata tanto de partir de sua casa quanto de sair de si para *"se identificar com o Cristo Jesus nascido pobre entre os pobres"*.

> Tu que, sem olhar para trás, queres seguir o Cristo, lembra-te que caminhar em seu seguimento não é nunca seguir-te a ti mesmo. Ele é o caminho, e neste caminho tu serás arrastado irresistivelmente a uma vida muito simples, uma vida de partilha (FD, p. 186).

De começo em começo

Por que tardar? O Cristo nos diz de novo: "Tu, segue-me" (Jo 21,22). Por que sempre esperar que outros deem o primeiro passo? Há urgência. Muito jovem, irmão Roger o tinha compreendido;

este foi o compromisso de uma vida: *"Começa por ti mesmo..."* (PB, p. 28). Sim, nós nos ofereceremos a estes começos, estes recomeços, que só eles podem alimentar a esperança.

> Para que se eleve uma confiança na terra, é em si mesmo que importa começar: caminhar com um coração reconciliado, viver em paz com os que nos rodeiam. (...) Mesmo desprovido, posso ser fermento de confiança onde vivo, com uma compreensão para com os outros, que se alargarão sempre mais? (PB, p. 148).

Nosso entusiasmo é às vezes cortado. O entusiasmo dos começos pode cair, a acedia ameaçar (depressão espiritual). Nossa espera pode afogar-se no torpor. Sem nos deixar desencorajar, se retomamos cada dia a caminhada, como os discípulos de Emaús, uma surpresa nos espera: o Cristo peregrino caminha, conosco (Lc 24,13-35).

Ele é este companheiro que deseja falar-nos ao coração. Ele nos esclarece as Escrituras, devolve-nos à esperança; ele nos reenvia a nossos irmãos e nos dá a audácia das responsabilidades. Aos 80 anos, irmão Roger podia escrever com uma confiança renovada: *"Em cada aurora, se pudéssemos acolher o novo dia como um início de uma nova vida..."* (Carta, 1994), e citar Gregório de Nissa: "Quem avança para Deus vai de começo em começo". Escolha de viver, escolha de amar. Promessa de uma comunhão. *"Alegria inesperada!"* (PB, p. 25).

Deus de todo amor, nós gostaríamos de te escutar quando em nossas profundezas ressoa teu apelo: "Vai avante, que tua alma vive!" (PSC, p. 37).

"I am sure I shall see the goodness of the Lord in the land of the living. Yes, I shall see the goodness of our God, hold firm, trust in the Lord!"

Musique: Taizé, © Ateliers et Presses de Taizé.

"Eu estou seguro de que eu verei a bondade do Senhor na terra dos vivos. Sim, eu verei a bondade de nosso Deus, sê forte, põe tua confiança no Senhor!"

CONTINUAR A MEDITAÇÃO

Escritos de irmão Roger:

Frère Roger, *Pressens-tu um bonheur?* Presses de Taizé, 2005.

Frère Roger, *Dieu ne peut qu'aimer.* Presses de Taizé, 2001.

Frère Roger, *Les Sources de Taizé.* Presses de Taizé, 2001.

Sobre Irmão Roger:

Choisir d'aimer, Frère Roger de Taizé, 1915-2005, Presses de Taizé, 2006.

Rencontre avec Frère Roger. DVD, Presses de Taizé, Voir & Dire, ref.: D0304.

Sobre Taizé:

Clément, Olivier, *Taizé, Un sens à la vie.* Bayard, 1997.

Escaffit, Jean-Claude; Rasiwala, Moïz. *Histoire de Taizé*, Seuil, 2008.

Aprender os cânticos de Taizé ou visitar Taizé:

http://www.taize.fr

ÍNDICE

Abreviaturas 7
Irmão Roger de Taizé (1915-2005) 9
1. O humilde sinal de uma comunidade 18
2. Em nossas obscuridades, acende o
   fogo que nunca se extingue 25
3. Voltar ao espírito de infância 32
4. Deus só pode amar 40
5. O sim de toda uma vida 47
6. Felizes os corações simples 54
7. Viver o hoje de Deus 62
8. E se abre uma passagem 69
9. Um mistério de comunhão 76
10. Luta e contemplação 84
11. Bondade do coração 92
12. Em cada um, uma parte de dom pastoral 100
13. Paixão de uma espera 108
14. Alargar 116
15. Uma peregrinação de confiança 124

Continuar a meditação 132